Führen in Krisen

Kommunikation und andere Randsportarten

Verlag und Druck: tredition GmbH, Halenreie 40-44
22359, Hamburg

978-3-7469-3259-0(Paperback)
978-3-7469-3260-6(Hardcover)
978-3-7469-3261-3 (e-Book)

Inhaltsverzeichnis

1. Einleitung

Führen in unternehmerischen Krisen ist Ausnahmezustand und der kam in den letzten Jahrzehnten immer wieder einmal vor. In den 80er und 90er Jahren waren eine Krise hier und eine andere (wirklich eine andere?) Krise dort etwas ganz normales. Unter dem steigenden Druck verursacht durch Analysten, Quarterly Analyst Meetings und Performance Contracts herrschte vor allem nach dot.com der Trend vor, Krisen immer später – und fast zu spät – zu erkennen oder erkennen zu wollen. Die Lösung des Problems u.a. verursacht durch Enron hieß Sarbanes Oxley Act und die Welt war wieder gut. Anders als durch das „zu-spät-Erkennen" ist auch der Hype der Private Equity Firmen in den letzten Jahren bis zum Herbst 2008 nicht zu erklären. Die Krise, die erst einmal erkannt und konstatiert werden muss, arbeitet gegen das Prinzip Hoffnung, den Glauben an das Mögliche und die angenehme Ablenkung von der Realität, die sich doch so hervorragend durch Bingo-Schlagworte wie "Wir sind gut aufgestellt", „…die Krise als Chance nutzen" oder „Anderen geht's noch schlechter und relativ betrachtet, sehen wir gut aus" verbrämen lässt. Das erste Führungsgebot für Führungskräfte hieße in einer solchen Situation also eigentlich, einen klaren schonungslosen Blick für die Situation zu entwickeln als Grundlage für eine richtige Beurteilung und anschließende Kommunikation der Situation. Wie lange hat man bei Daimler/Chrysler gebraucht, bis der Blick wieder klar war? Wie wir heute wissen, hat der klare Blick ca. 40 Mrd. Euro gekostet! Eine klare Aussage verhindert nicht Optimismus und Zukunftsdenken, schafft aber Identifikation der anderen Führungskräfte und Mitarbeiter mit der Lage, die denen (häufig) schon eher – mindestens in Teilen – vertraut war. Zukunft aufzeigen ist gefragt. Der oft an den Tag gelegte Aktionismus, der sich in Sätzen wie

„Erst mal raus aus der Krise, dann sehen wir schon weiter" verkürzt Kommunikation und Handlungsperspektiven und schmälert damit das Selbstbewusstsein des Unternehmens. Und letztlich: Wo bleibt die Präsenz des Top Managements in Krisenzeiten, wenn es Vorstandsvorsitzende gibt, die mit einem eigenen Schlüssel für den Fahrstuhl in die oberste Etage durchfahren, nur, um nicht kommunizieren zu müssen? Wie viele – oft fehlleitende - Bücher über den Unterschied von Management und Leadership werden noch geschrieben, bis Lernen und Verinnerlichen einsetzt?

1.1   Ausgangslage

Die Finanzkrise erwischt uns weltweit mit der Konsequenz einer riesigen Schuldenlast für die jetzige und nächste Generation. Die Wachstumsraten in der Europäischen Union sehen nur kurzfristig nicht schlecht aus – auch China und Indien bleiben nicht verschont. Die Innovationsquote in Unternehmen bleibt niedrig und die Erfolgsquote von Transformationsprozessen (Merger, Restrukturierungen) liegt in Deutschland unter 35 Prozent, die Nachbarländer stellen sich ähnlich dar. Krankenstände sinken, innere Kündigungen nehmen zu und die Angst vor Versagen bestimmt das Verhalten der arbeitenden Menschen bei gleichzeitig signifikantem Anstieg psycho-somatischer Erkrankungen. Wir beherrschen das Management von Stabilität, aber wie gehen wir mit Veränderungen um? Wie betreten wir Neuland? Das Management des „Change" ist ein Balanceakt zwischen radikaler Erneuerung und Weiterentwicklung des Bestehenden aus zwei verschiedenen Unternehmen. Persönlichkeiten sind gefordert: Selbstbewusstsein kombiniert mit der Fähigkeit, Widersprüche bearbeitbar zu machen. Es tritt also der Aspekt der aktiven Veränderung von Zielen, Strategien, Geschäftsprozessen, Verhaltens- und Beziehungsmustern, Organisationsstrukturen und -kulturen in den Vordergrund. Vor diesem Hintergrund rücken nicht nur die von der Krise betroffenen Unternehmen, sondern auch die verantwortlichen Manager durch ihr Verhalten und Kommunikation immer stärker in den Mittelpunkt der Öffentlichkeit. Wie verstehen Sie ihre Rolle? Woran orientieren Sie sich? Sind Sie von ihren persönlichen Fähigkeiten her in der Lage, in Krisen und aus diesen heraus zu führen? Diese Frage muss man für viele Fälle wohl verneinen müssen: Kommunikation, Lernen aus Feedback, das Leben der formulierten ethischen Grundsätze, Corporate Governance, Corporate Social Responsibility im nachhaltigen Sinne und damit das Infragestellen des Shareholder-Value-Prinzips werden sehr häufig immer noch als „Randsportarten" betrachtet. Dabei macht Kommunikation ungefähr 80% des Führungsalltages aus und ist Chef- und Kernaufgabe, die nicht delegiert werden kann und darf. Kommunikation ist ein elementarer Bestandteil der Unternehmensführung und Unternehmenskultur und somit ein wesentlicher Faktor für den wirtschaftlichen Erfolg der unternehmerischen Aktivitäten.

Was oberflächlich betrachtet als Finanzkrise erscheint, ist wahrscheinlich eher eine Bankrotterklärung an die gegenwärtigen US-geprägten Managementlehren, denn ohne diese hätte es zu diesem Desaster nicht kommen können. Die tieferliegenden und erst vereinzelt in der Öffentlichkeit diskutierten Ursachen begründen sich in der den USA exportierten Art der Fehlsteuerung von Unternehmen basierend auf dem Shareholder-Value-Prinzip und der damit verbundenen rein monetär definierten Wertsteigerung als Messlatte für den Unternehmenserfolg. Die aus diesen Lehren heraus entwickelte Corporate Governance, festgeschrieben in den Corporate Governance Codes und vielgepriesen als großer Fortschritt, sind hauptsächlich von Finanzexperten und Juristen, sowie Ökonomen des Neoliberalismus erstellt worden – Aspekte eines zeitgemäßen und nachhaltigen Managements wurde nicht berücksichtigt. Die Ignoranz fundamentaler Grundsätze richtiger Unternehmensführung führte in diesem neoliberalen Kontext zur Definition eines einzigen, falschen Unternehmenszweck: die Steigerung des Shareholder-Values mit der Konsequenz, wir jetzt erkennen, dass diese Maxime mittel- und langfristig die Shareholder selbst schädigt.

Die Reduktion der Unternehmensführung auf hard facts hält der Realität nicht mehr stand – wie die steigende Fluktuation auf Vorstandsebene zeigt. Wer Unternehmen und damit vor allem Menschen führen will, der muss sich von der Unterscheidung zwischen hard und den so oft vernachlässigten soft facts trennen und erkennen, dass es den ganzen Menschen braucht, eben auch mit seinen emotionalen, gesellschaftlichen und kulturellen Fähigkeiten. Dazu gehört auch ein in diesem Sinne entwickeltes stabiles Wertegerüst und ganz langsam taucht in Diskussionen wieder der altmodische Begriff Herzensbildung auf.

Die Sicht auf die Welt durch die Brille und Sprache des Ökonomen führt zu einer verkürzten und sehr einseitigen Betrachtungsweise, die allein zweckrational ausgerichtet ist. Und die angesichts der Krise herrschende Sprachlosigkeit lässt keinen Raum für große Gedanken. Topmanager scheitern am Mangel an Herzensbildung, da sie aufgrund ihrer zweckrationalen Reduktion Mitarbeitern, Gesellschaft und Politik nicht glaubhaft und authentisch mitteilen können, in welchem Zustand sich ihr Unternehmen befindet und welche Wege aus diesem Krisenzustand herausführen. Wie soll das auch gehen, wenn es sowohl an Kommunikationsfähigkeit mangelt als das Vokabular der menschlichen Gemeinschaft, nämlich Ethik, Mitgefühl, Verantwortung und Weitsicht abhanden gekommen ist?

Hinsichtlich des fehlenden Wertegerüsts kann vermutet werden, dass dies teilweise mit der Ausbildung von Topmanagern zusammen hängt. Ein großer Teil der Misere ist jenen Untiversitäten und MBA-Programmen zuzuordnen, die seit mehr als 15 Jahren die Lehre vom Shareholdervalue und falsch verstandener Corporate Governance als ultimative Wahrheiten vermittelten. Eliteuniversitäten wie z.B. Harvard geraten zunehmend wegen der Art der vertretenen Lehrmethoden im MBA-Studiengang in die Kritik. Die allseits bekannten Fallstudien, anhand derer MBA Studenten lernen, wie Manager erfolgreich Unternehmen führen, sind zwar nicht wertlos, aber unvollständig. In dem Artikel „Der entzauberte MBA"[1] in der FAZ vom 23. Juni 2009 liest man Folgendes: „Zu unkritisch, zu sehr auf kurzfristige Renditesteigerung fixiert, heißt es nun über die Fallstudien. Am die sich ähnelnden Karrierewege werden zunehmend mit Skepsis gesehen. Viele MBA Absolventen zog es in den vergangenen Jahren zu Investmentbanken der Wall Street. Dort entwickelten sie wie die Lemminge jene komplexen Finanzprodukte, die das Finanzsystem an den Rand des Kollapses brachten. Immer mehr Personalverantwortliche gehen daher auf Abstand. Wer will schon gerne einen selbstverliebten „Master of Business Apocalypse" einstellen, wie die Absolventen heute mitunter verspottet werden." Es wird in dem Artikel weiter ausgeführt, dass die Kritik an den MBA-Absolventen teilweise berechtigt sei, da die Beschäftigung mit Hunderten von Fallstudien während des Studiums nur wenig Zeit ließe, sich auch noch mit weiteren Studieninhalten auseinanderzusetzen, die allerding von großer Notwendigkeit seien: »Fest steht: Mit einigen zusätzlichen Kursen ist es nicht getan. Ethische Fragen sollten sich durch den gesamten Lehrplan ziehen, in der Besprechung jeder Fallstudie eine Rolle spielen. Und weniger Fallstudien täten sicherlich gut. [...] Ins Curriculum gehört mehr Nachdenklichkeit."[2]

Ähnlich äußert sich auch Deutsche-Bank-Chef Josef Ackermann und spricht sich für eine umfassendere Ausbildung von zukünftigen Managern aus. In der aktuellen Finanzkrise habe sich ein ganzheitliches, von Modellen losgelöstes Denken bewährt. Auf die Frage eines FAZ-Journalisten, ob die Auseinandersetzung mit gesellschaftlich relevanten Werten an Universitäten ausreichend sei, antwortet er: „Natürlich ist das Verständnis von Modellen wichtig. Aber man darf darüber die politische, soziale und kulturelle Dimension nicht vergessen. Banken, die sich von dem reinen Modelldenken lösen konnten und die Situation mehr gesamtheitlich beurteilt haben, sind in dieser Krise besser gefahren. Denn viele Entwicklungen hatten nichts mehr mit den Modellwelten zu tun, sondern wurden durch die Politik oder Maßnahmen der Zentralbank angestoßen. Im Studium muss deshalb auch die Fähigkeit vermittelt werden, politische und gesellschaftliche Strömungen wahrzunehmen. Über Modellwelten und Mathematik geht leicht der Bezug zur Realität verloren."[3]

Zahlen, Daten und Fakten werden auch zukünftig wesentlicher Bestanteil der MBA-Studiengänge sein, aber das Wissen um Gesellschafts- und Wirtschaftsstrukturen und die Verantwortung in einer Führungsposition, das Bewusstsein, das eigene individuelle Handeln als ein Handeln für die Gesellschaft zu sehen wie auch die persönliche Integrität, müssen zukünftig an Bedeutung gewinnen.

Nur, das von Max Weber beschriebene Welt- und Menschenbild der "gezähmten Maschine" zeigt auch heute noch eine erschreckende Präsenz in unseren Köpfen und beeinflusst unser Handeln: Wir sehen Organisationen, Institutionen, geografische Räume als beherrschbare, maschinenähnliche Gebilde - Menschen müssen als Räder und Rädchen in verschiedenen Rollen funktionieren, sind beliebig austausch- und ersetzbar. Dies unterliegt einer fast zwanghaften Logik, alles Handeln nur daran zu messen und auszurichten, ob es mach- und kontrollierbar ist – mithin eine sehr eingeschränkte und limitierende Sichtweise. Aber dieses in seiner Simplizität linear ausgerichtete Welt- und Menschenbild determiniert eben unternehmerisches Handeln im Streben nach Marktführerschaft, Wettbewerbsfähigkeit und Profitabilität.

Das Erfüllen von Performce-Kontrakten und die Befriedigung von Analysten in Quartalsabständen hat oberste Priorität ohne Rücksicht auf Menschen, Ressourcen oder Zukunft Dies wird nicht immer als angenehm empfunden, aber der Zweck heiligt schließlich die Mittel. Und der Zweck heißt Gewinnen – um jeden Preis! Der Kapitalmarkt belohnt diese Handlungsform mit hohen Börsenkursen und die Öffentlichkeit zelebriert die Akteure als Helden der Gegenwart. Oft nicht nachvollziehbar kreiert dieses Primat des Machbaren simplen Aktionismus - ohne ausreichend reflektiertes Gesamtverständnis der Dynamiken im Kontext des eigenen Handelns. Ein Top-Manager bezeichnete die Akteure solchen Handelns einmal als "Tatprimaten" und damit als Verursacher instabiler Märkte und volatiler Aktienkurse. „Lebenslanges Lernen", in dieser Zeit so gerne nach vorne gestellt, aber ausschließlich von der Hoffnung geleitet, Anpassungsfähigkeit an die Erfordernisse des Weltmarktes sicherzustellen, hat so gut wie nichts mehr mit Reflexion und Weiterentwicklung zu tun.

Dabei wird immer augenscheinlicher, dass die Reduzierung auf vordergründig Mach- und Beherrschbares als Richtschnur unternehmerischen Handelns nicht mehr ausreicht. Zu dynamisch und komplex sind unsere Gesellschafts- und Wirtschaftssysteme. Simple lineare Konstruktionen und darauf basierende Entscheidungen erzeugen vielfach – im obigen Sinne auch gewollt - nur kurzfristige Effekte und sind daher nur noch bedingt tauglich. Eins und eins ist eben nicht immer zwei - bei dynamischer Betrachtung kann das Ergebnis drei, vier oder sogar mehr sein. Die Quantenphysik, bei der alles in Raum und Zeit miteinander in Beziehung steht, hat die Gesetze der Schwerkraft von Isaac Newton wissenschaftlich längst erweitert, im täglichen Handeln wird dies allerdings völlig ignoriert. Gefordert ist, eine andere Dimension zu erschließen, andere Qualitäten und Kompetenzen zu entwickeln - jenseits des kurzfristig Mach- und Beherrschbaren: ein tieferes Verständnis der Bedeutung menschlicher und organisationaler Beziehungsfähigkeit in einer instabilen, komplexen und interdependenten Welt- und Wertegemeinschaft.

1.2 Ziel des Buches

Aus den bisherigen Betrachtungen, Erkenntnissen und Reflexionen scheinen sich im Kern vier Thesen heraus zu kristallisieren, um die Herausforderungen für Organisationen und damit für Führungskräfte zusammenzufassen:

Stark zunehmende Komplexität und Dynamik erzeugt eine Zunahme von Unsicherheit, die aus dem Spannungsfeld zwischen dem Wunsch nach Stabilität und der Notwendigkeit für Veränderungen entsteht. In dieser paradoxen Situation gilt es, handlungs- und gestaltungsfähig zu bleiben oder zu werden. Dafür ist ein Kontext - Arbeitsumfeld oder auch politische und gesetzliche Rahmenbedingungen - erforderlich, der zu Innovation, Produktivität und Leistung animiert.

Führung fällt hier eine zentrale Rolle zu - und zwar mit einem klaren Fokus auf Gestaltung statt Verwaltung von Systemen, Kontexten und Beziehungen. Der in der Aufklärung dem Menschen und seiner Neugierde samt Empathie zugewandte Begriff vom lebenslangen Lernen muss wieder richtig verstanden und verinnerlicht werden. Führung bedeutet mehr kommunikative Fähigkeiten als heute häufig vorzufinden sind und die „Randsportarten" Ethik, Mitgefühl, Verantwortung und Weitsicht müssen mehr ins Licht gerückt werden und dazu gehört auch ein transparentes Risikomanagement.

Kernstück einer jeden Unternehmensführung ist Kommunikation und was sich nicht kommunizieren lässt, hat im Unternehmen keinen Sinn. Das gilt nicht nur für die Unternehmensstrategie, sondern für die gesamte Organisation inkl. ihrer Mitglieder und der produzierten Produkte und Dienstleistungen. Das Kommunizieren von Zusammenhängen erst ist sinngebend und zwar für alle Stakeholder. Wir wissen, dass Kommunikation Risiko und Chance zugleich beinhaltet. Wird zu wenig oder nicht zielgruppenadäquat und zielorientiert kommuniziert, reduziert sich die Motivation in der Organisation genauso wie das Vertrauen der Stakeholder. Mittelfristig erleidet die Unternehmensreputation Schaden. Kommunikationsstörungen führen zu Friktionen und enden nicht selten in monetären Verlusten. Wer Kommunikation als wirkungsvolles nach außen und innen gerichtetes Instrument der Unternehmensführung begreift, optimiert und agiert effizienter. Kommunikation ist erlernbar, z.B. in Seminaren, Coachings und Kommunikationstrainings mit erfahrenen Köpfen, die als Sparringspartner und auch als Korrektiv zur Verfügung stehen.

Wirtschaft und Ethik galten im freien Unternehmertum bis in die 80-er Jahre vielen als ein Widerspruch an sich. Mit zunehmender Anzahl kleiner und größerer Kristen jedoch scheinen alte Werte in der Unternehmensführung an Boden zu gewinnen. Soziales und gesellschaftliches Engagement stehen nicht mehr allein für

Imageförderung, sondern für nachhaltigen wirtschaftlichen Erfolg und diese Entwicklung beinhaltet auch das Wiedererlernen einer adäquaten Kommunikation mit einem entsprechenden Vokabular. Unternehmen geben sich einen Verhaltenscodex (Code of Conduct) und CSR oder Corporate Social Responsibility (soziale Verantwortung des Unternehmens) wird zunehmend als das neue Bekenntnis zum gesellschaftlich engagierten Unternehmer öffentlich diskutiert – unter Hinweis auf eine lange und nun „neu entdeckte" Tradition.

1.3   Aufbau dieser Abhandlung

Die letzten Krisen haben das Vertrauen der Stakeholder in viele Unternehmen – und das nicht nur auf dem Bankensektor stark erschüttert. Deswegen wird im zweiten Kapitel kurz auf die grundsätzlichen Ursachen und deren Auswirkungen auf Unterhemen eingegangen. Die Betrachtung erfolgt nicht nur retrospektiv, sondern auch zukunftsorientiert. Es gilt, kommunikative Wege zu entwickeln, die das Zurückgewinnen des verlorenen Vertrauens der Stakeholder unterstützen.

Die erkannte Veränderungsnotwendigkeiten in der Kommunikation erfordern eine Veränderungskommunikation, die den Bewusstwerdungsprozess unterstützt. Diese stellen wir im dritten Kapitel dar und leiten daraus die künftig geforderten Kommunikationsfähigkeiten ab. Wir gehen auch darauf ein, ob und inwieweit externe Unterstützung hier hilfreich sein kann.

Eine moderne Interpretation des Begriffes der Sozialen Marktwirtschaft erfordert nicht nur eine Verneinung kurzfristiger Renditemaximierung als oberstes Ziel der Unternehmensführung, sondern

16

auch eine intensive fest etablierte und verinnerlichte Stakeholder-Kommunikation. Unternehmen werden sich in Zukunft noch stärker nicht nur an ihren Kennzahlen. sondern vor allem an den persönlichen Fähigkeiten ihrer Führungskräfte und Mitarbeiter messen lassen müssen. Daher geht es im vierten Kapitel um die „Randsportarten" wie z.B. Ethische Weitsicht und der Zusammenhang mit Kommunikation, wertebewusste Unternehmensführung und ein transparentes kommunikationsfähiges Risikomanagement sowie verändertes Lernverhalten.

Im fünften Kapitel werden zusammenfassend die Ergebnisse der Überlegungen gespiegelt gegen die anfänglich aufgestellten Kernthesen und es wird ein Ausblick auf eine mögliche zukünftige Weiterentwicklung vorgenommen.

2. Die Ursachen der Wirtschaftskrise

2.1   Kleine Volkswirtschaftslehre

Es gibt zwei große Fragen in der aktuellen Wirtschaftspolitik. Zum einen: Wie kann sich ein Land, das zehn Jahre lang Exportweltmeister ist und bleiben will, darüber wundern, dass seine Handelspartner allmählich pleitegehen?[4] Und zum anderen: Wie kann sich die ganze Welt über steigende Staatsschulden ereifern, ohne je über die entsprechenden Überschüsse des Unternehmenssektors zu reden? Dass, drittens, kaum jemand merkt, dass eins und zwei zusammenhängen, wundert dann eigentlich schon nicht mehr.

Eigentlich ist die Sache nicht kompliziert. Die Volkswirtschaftliche Gesamtrechnung hat nämlich nicht nur zwei, sondern vier Konten: Privathaushalte, Unternehmen, Staat und Ausland. Dabei sind folgende Buchungsregeln zu beachten: Die Defizite und Überschüsse (Nettofinanzierungssaldi) dieser vier Sektoren ergänzen sich zu null, ebenso wie die Überschüsse und Defizite aller Länder. So weit die buchhalterische Logik.

Was bedeutet das in ökonomischen Zusammenhängen? Die Privathaushalte sparen für das Alter. Sie erzielen also einen Nettofinanzierungsüberschuss. Der liegt im historischen Schnitt etwa bei 4 Prozent des Bruttoinlandsprodukts (BIP). Ihre Ersparnisse legen sie bei den Unternehmen oder beim Staat an, die damit einen Teil ihrer Investitionen finanzieren. Unternehmen und Staat haben also je ein Nettofinanzierungsdefizit, das rund 3 beziehungsweise 1 BIP-Prozent ausmacht. Der Saldo gegenüber dem Ausland schwankt um null. Das war bis vor kurzem unser allgemeines Verständnis. In jüngster Zeit ergaben sich allerdings drei auffällige Abweichungen: Bis 2007 gingen die Überschüsse der Privathaushalte stark zurück

18

oder verkehrten sich - wie in den USA, England, Spanien, Griechenland - sogar in ein Defizit. Nach der Subprimekrise stiegen dann die Defizite und Schulden des Staatssektors explosionsartig an. Desweiteren sorgten die „globalen Ungleichgewichte" zwischen den Überschussländern China, Deutschland, Japan einerseits und „Importweltmeistern" wie der USA, England, Spanien, Frankreich und Italien für eine gewisse Aufregung.

Die vierte, viel wichtigere Abweichung ging jedoch völlig unter: In immer mehr Ländern verwandelte sich das Nettofinanzierungsdefizit des Unternehmenssektors in einen Überschuss. 2010 belief sich dieser in den EU-Ländern auf 270 Milliarden Euro, in den USA auf 540 Milliarden Doll; und in Japan auf 28 000 Milliarden Yen. Das entspricht gut 2, fast 4 oder gut 6 Prozent des jeweiligen BIPs. Dass es ein volkswirtschaftlicher GAU ist, wenn der Unternehmenssektor insgesamt viel mehr einnimmt, als er für Vorprodukte, Investitionen, Löhne, Boni, Dividenden und Steuern ai gibt, ist bisher leider noch nicht in unser Bewusstsein gedrungen. Dabei ist der Wechsel des Vorzeichens beim Finanzierungssaldo der Unternehmen die gemeinsame Wurzel der Subprimekrise, der Eurokrise, der globalen Ungleichgewichte und der Verstaatlichung des Finanzsektors.

Der erwähnte EU-Nettofinanzüberschuss bedeutet nämlich, dass die EU-Unternehmen am Schluss des Rechnungsjahrs 2010 über ein zusätzliches Guthaben von 270 Milliarden Euro gegenüber den übrigen Sektoren (Privathaushalten, Staat und Ausland) verfügten. Die Unternehmen mussten Kredite in entsprechender Höhe gewähren, um weiter ihre Produkte verkaufen zu können. Der Wirtschaftskreislauf kann nur noch mit stetig steigenden Schulden geschlossen werden. In den USA haben sich so in den vergangenen fünf Jahren die Guthaben der Unternehmen auf 1840 Milliarden Dollar angehäuft. Wenn - wie einst üblich - der Unternehmenssektor Schulden

macht, sind die entsprechenden Kredite mit realem Produktionska-
pital abgesichert. Wird jedoch stattdessen der private Konsum mit
Krediten finanziert, bleiben diese ohne Deckung. Bis 2007 verlie-
hen steigende Immobilienpreise den Krediten einen Anschein von
Sicherheit. Seither werden die Kredite überwiegend mit Zahlungs-
versprechen der Regierungen „gedeckt". Alleine in den USA hat der
Staat 2010 über Sozialausgaben 1500 Milliarden Dollar an die (är-
mere Hälfte der) Privathaushalte transferiert, um die Wirtschaft am
Leben zu erhalten - finanziert über Schuldscheine. Auch hieraus
ergeben sich zwei Diskussionsfelder: Die eine geht über Werte und
Shareholder Value - die andere über mehr Staat beim Setzen der
Rahmenbedingungen für die Wirtschaft. Da beides aus ver-
schiedensten Gründen derzeit nicht mehrheitsfähig ist müssen wir
davon ausgehen, dass die Ungleichgewichte und damit die Krisen
uns noch sehr lange beschäftigen werden. Dennoch könnte man den
Anspruch stellen, dass zumindest auf der Unternehmerseite Paradigmenwechsel vollzogen werden müssen.

2.2   Ignorieren unternehmerischer Prinzipien

Dass die letzte Wirtschaftskrise aus einer Kreditblase und über-
triebener Spekulation entstand, ist hinreichend bekannt. Es existiert
ein großes Bemühen, sich auf Regularien zu einigen, die eine Wie-
derholung verhindern sollen – reicht das aus? In der jetzigen Form
wohl nicht und wahrscheinlich auch grundsätzlich nicht. Wann die
geleistete Ökonomie einer Gesellschaft schadet oder nicht, begründet sich vor allem im in den Menschen, die sie gestalten. Auch
nichts wirklich Neues, aber dauernd vergessen. Das Wirtschaftssystem ist ebenso wenig wie ein einzelnes Unternehmen auf ein Kenn-
zahlenkonglomerat zu reduzieren, die Menschen mit nicht vorher-

sehbaren und manchmal irrationalen Verhaltensweisen sind der entscheidende Faktor.

So hinterlässt die Weltwirtschaftskrise deutlich sichtbare Spuren in den internationalen Führungsetagen. Einseitiges Shareholder-Value-Denken, das durch den Einfluss internationaler Investoren auch in Deutschland vielfach zum Führungsprinzip wurde, ist eine der Ursachen, warum zahlreiche Unternehmen derzeit in Schwierigkeiten geraten. Hohe Wachstums- und Renditeversprechen, hartes Kostenmanagement und Financial Engineering führten zu einer steigenden Abhängigkeit vieler Unternehmen vom Kapitalmarkt. Eine andere Ursache liegt darin begründet, dass zeitgleich unternehmerische Prinzipien wie Nachhaltigkeit, Risikoabschätzung und -vorsorge sowie gesellschaftliche Verantwortung immer stärker verdrängt wurden. Neben Substanzverlust in den Bilanzen und der Mangel an Liquidität rächt sich jetzt auch die jahrelange Nichtwahrnehmung der Interessen wichtiger Stakeholder. Der über viele Jahre nicht stattgefundene Dialog mit den ihnen sorgt nun für das Fehlen deren Unterstützung. Das führt mit dazu, dass die soziale und gesellschaftliche Akzeptanz von Topmanagern und Wirtschaftseliten ist auf ihrem Tiefpunkt angekommen sind.

Wenn Führungskräfte ausschließlich profitorientiert denken und handeln und Gier statt kaufmännischer Prinzipien das Tagesgeschäft bestimmt, bleibt dies der Öffentlichkeit nicht mehr verborgen. Medien greifen derlei Missstände in ihrer täglichen Berichterstattung auf, wobei nicht zwingend sachlich berichtet wird, was häufig zu einer Polarisierung und übertriebenem Anprangern führt. Hinzu kommt, dass das Ignorieren unternehmerischer Prinzipien selten isoliert betrachtet werden kann. Immer häufiger wird es im Zusammenhang mit einer Systemkrise erörtert, d.h. dem möglichen Scheitern des Kapitalismus. Frank Schirrmacher, Feuilletonchef der FAZ und bisher nicht als Umstürzler aufgefallen, fragt die Leser seiner Zeitung, welche Gründe es habe, „dass wir in einer Gesellschaft leben, die im Begriff ist, nach ihren natürlichen Lebensräumen auch ihre soziale Umwelt sehenden Auges zu ruinieren?"[5] Solche Fragen stellen sich die Anhänger eines Systems, das zwei Jahrhunderte lang Wachstum und Einkommen gebracht hat; eines Systems, das sich durch den Kollaps einer einzelnen Bank an den Rand des Ruins treiben lässt. Wenn dann die Gier mitgeholfen hat, diesen System-kollaps zu verursachen, stellt sich ja die Frage, ob dieses System ohne Gier überhaupt funktionieren kann. Fredmund Malik bezieht hier klar Stellung und erklärt in einem Interview: „Der Kapitalismus ist genauso gescheitert wie der Sozialismus. Diese Krise ist das Symptom eines fundamentalen Wandels, es sind die Geburtswehen für eine neue Welt. So etwas hat in der Geschichte möglicherweise noch nie stattgefunden."[6]

Immer stärker werdende Komplexität fördert anscheinend nar-zisstisches Verhalten. Charles Handy, lies Jungmanager der Londo-ner Business Schools Ende der 60er Jahre die „Antigone" von So-phokles lesen ließ: „Es ging darum, den eigenen Werten zu folgen, anstatt Sklave seiner Firma zu sein"[7], sagt Handy im Gespräch mit dem Manager Magazin und weiter: „Aber haben die Verfemten von heute nicht genau das getan? Sind sie nicht ihren Werten gefolgt, bloß dass ihr Wert der eigene Bonus war? Das ist der Haken an der Zielekultur: Wenn das Ziel der Bonus ist, dann konzentrieren sich Manager auch genau darauf — und nicht mehr auf das eigentliche Geschäft. Je größer und zentralisierter die Unternehmen wurden, desto undurchschaubarer wurden sie. Ein Grund mehr, sich auf das eigene Ziel und den Bonus zu fixieren."[8] Und Gerhard Dammann schreibt den in die Kritik geratenen Managern narzisstisches Ver-halten zu: „Narzissten hungern nach Ruhm und Anerkennung - und gehen dafür große Risiken ein. Es sei kein Zufall, dass sie sich verstärkt in den Kommandozentralen der Konzerne tummelten. [...] Narzisstische Eigenschaften wie die Sucht nach Bestätigung, aber auch die Freude am Visionären, begünstigen die Karriere. „Think big" lautet die kürzeste Erfolgsformel."[9] Narzissten zeichnen sich bekanntlich dadurch aus, dass sie eine erhebliche Tendenz zur Selbstüberschätzung, eine Unfähigkeit mit Kritik umzugehen und ein fehlerhaftes Sozialverhalten aufweisen. Entsprechend können sie sich auch nicht in andere Menschen hineinzuversetzen. Ein weiteres Beispiel war Klaus Zumwinkel: „In der peinlichsten Stunde seiner Karriere lief Klaus Zumwinkel (65) noch einmal zu Hochform auf. Wegen Steuerhinterziehung stand er vor Gericht. Doch er dozierte, als sei nicht die Staatsgewalt sein Zuhörer, sondern ein Pulk von Lehrlingen im Schulungsheim der Post. Weitschweifig erklärte der gestürzte Konzernherr dem Richter, welch eindrucksvolle Karriere er absolviert habe, wie kühn sein Aufbauwerk bei der Post gewesen sei, wie viele Milliarden seine Taten den Bürgerinnen und Bürgern gespart hätten. Untertitel: Wer den Göttern so nahe steht, dem sollte man eine Steuersünde doch wohl nachsehen."[10] Oder auch Tony Hayward, der in nach dem Desaster mit der Ölbohrplattform Deep Water Horizon in mehreren Medien mit dem Satz zitiert wurde: „Ich will mein altes Leben zurück", während das Leck auf dem Grund des Ozeans schon seit Wochen sprudelte. Es scheint in diesen beiden Fällen wir auch in so vielen anderen das Gespür abhandengekommen zu sein, wann Kommunikation und wann die Zurückstellung persönlicher Eitelkeiten, Zurückhaltung und Schweigen angesagt sind.

Findet die nämlich übertriebene Selbstdarstellung dann auch noch zu einem ungünstigen Zeitpunkt, wie z.B. in einer Krise, statt, darf es nicht verwundern, wenn dies für Konfliktstoff sorgt, der nicht nur von den Medien, sondern insbesondere auch von den Stakeholdern mit Kritik behaftet wird: „Beifall kann ein öffentlicher

CEO letztlich nur auf dem Boulevard erwarten, nicht aber bei seinen wichtigsten Stakeholdern: Unter den Mitarbeitern wird diese Form der Selbstinszenierung meist negativ als persönliche Profilierung, wenn nicht als reine Eitelkeitsshow wahrgenommen. Im Managementboard zieht der CEO Konflikte und Neid auf sich, weil er das ungeschriebene Gesetz demonstrativer Bescheidenheit und den Grundsatz „let others shine" missachtet. Der Mitbestimmungsseite bietet er schließlich eine Projektionsfläche für Feindbilder, gegen die sie ihre Kampagnen führen können."[11]

Nun kann man natürlich nicht behaupten, dass die o.g. Beispiele stellvertretend für alle Führungskräfte stehen. Aber genügend viele, um – möglichst noch im Zusammenhang mit überproportionierten Bonuszahlungen – reichen für eine kontinuierliche Medienpräsenz und damit allgemeine Meinungsbildung. Wie sich auch insgesamt feststellen lässt, dass der deutlich feststellbare Verlust von Vertrauen auf Seiten der Stakeholder zwar mit Krisen einhergeht, die Krisen aber meistens nicht die Ursache für diesen Verlust sind: der nicht-ökonomische Teil der Gesellschaft distanziert sich immer stärker von der Wirtschaft und bringt eine grundsätzliche Misstrauenshaltung zum Ausdruck, die sich z.B. auch in gängigen Neiddiskussionen artikuliert. Es entstand in den letzten Jahren – auch gefördert von der Globalisierung – zunehmend der Eindruck, dass Unternehmen und deren Führungskräfte weitgehend egoistisch und unkontrolliert agieren dürfen und auf der anderen Seite CSR-Maßnahmen lancieren, die das möglicherweise entstandene Trugbild wieder ausgleichen sollen: „Globales Gewinnstreben als Ausdruck einer natürlichen menschlichen Gier, der in einer globalisierten Welt schlichtweg weniger Grenzen gesetzt waren [...] Zweifel an den ethischen Grundlagen wurden durch symbolische Büß- und Ersatzhandlungen beruhigt."[12] Die Leser und TV-Zuschauer, die ja eben auch gleichzeitig Stakeholder der betroffenen Unternehmen sind, reagieren auf unternehmerisches Fehlverhalten und die Medienberichterstattung in der Regel mit einer Abkehr vom Unternehmen.

Das an Business Schools Case-study-orientierte vermittelte Wissen ist ganz offensichtlich für einen an ShareholderValue orientiertes Unternehmen bestens geeignet, reicht jedoch für kritische Zeiten nicht aus. Normales Management-Know-how und betriebswirtschaftliches Wissen müssen ergänzt werden, um Fähigkeiten und Wissen, die weniger rational, sondern vielmehr im Herzen angesiedelt sind: ethisches Handeln, Kommunikationskompetenz, gesellschaftliches Einfühlungsvermögen und emotionale Intelligenz. Deswegen werden sich auf lange Sicht nur die Firmen erfolgreich am Markt behaupten können, die sich auf Tugenden erfolgreichen Unternehmertums zurück besinnen und neben solidem kaufmännischen Handeln auch nachhaltiges Wirtschaften wieder auf die Prioritätenliste setzen. Erst dann können Unternehmen dauerhaft Werte bewahren und einem Vertrauensverlust seitens der Stakeholder entgegensteuern bzw. verlorenes Terrain zurückerlangen.

Zu bedenken ist auch: moralische Neutralität gibt es nicht, wie Günter Bentele formuliert: „Organisationen und Personen können schon allein deshalb, weil sie nicht kommunizieren können (Watzlawick), sich auch nicht moralisch „neutral" verhalten. Kommunikative Praxis ist - auch deshalb, weil sie immer bestimmte Wirkungen zeitigt - unauflöslich mit ethischen Normen verknüpft, werden solche Normen nun befolgt oder verletzt. Mit jeder Kommunikation sind durch die explizit oder implizit damit verbundenen Geltungsansprüche (Wahrhaftigkeit, Wahrheit, Richtigkeit, Verständlichkeit, vgl. Habermas 1981) auch moralische Ansprüche und Verantwortung verbunden."[13] Entsprechend schlussfolgert Bentele, dass sich aus dieser Tatsache, sich nicht nicht moralisch verhalten zu können, auch die Verpflichtungen in Richtungen der unterschiedlichen Stakeholder ableiten lassen. Der Zusammenhang zwischen dem kommunikativen Verhalten von Unternehmen und den ethischen Normen wird wahrgenommen, was sich auch auf das Image der betreffenden Unternehmen auswirke. Auch wenn dieser Prozess unbewusst stattfindet, so sind die Wirkungen dennoch ernst zu nehmen.[14]

Organisationskommunikation als unternehmerische Verantwortung hat sich immer an zwei Maßstäben zu orientieren: an den Werten des Unternehmens und den Werten der Gesellschaft. Vor allem in Krisensituationen ist hinsichtlich des Vertrauen der Stakeholder ethisch korrektes Verhalten, oder, wie Bentele es ausdrückt, „Berufsethik", relevant und betrifft das gesamte Unternehmen.

2.3 Shareholder Value versus Stakeholder-Dialog

Der inzwischen ganz offensichtliche Paradigmenkonflikt resultiert aus der ausschließlichen Fokussierung vieler Unternehmen - vor allem global aufgestellter – auf das Shareholder Value Prinzip, das auf einer einseitigen Konzentration auf die Bedürfnisse der Investoren beruht. Jahrelang haben viele Unternehmen ausschließlich auf das Prinzip des Shareholder Values gesetzt und sich einseitig an den Bedürfnissen der Investoren orientiert.

Das zugrunde liegende betriebswirtschaftliche Konzept basiert auf einer wertorientierten Unternehmensführung. Wert definiert sich in diesem Zusammenhang allein durch ökonomische Parameter und bedeutet sowohl Maximierung des Unternehmensgewinns, als auch die Wertsteigerung des Unternehmens selbst über steigende Aktienkurse. So sollen langfristig die Wettbewerbsfähigkeit und die Profitabilität des Unternehmens gesichert werden. Die rein ökonomisch ausgelegte wertorientierte Unternehmensführung geht einher mit dem sogenannten Value-Based-Management als Führungsansatz, der sicherstellen soll, dass das Unternehmen konsequent auf Wert ausgerichtet sind. Der Ansatz besteht aus drei Elementen: Schaffen von Werten, Ausrichten auf Werte und Messen von Werten.

Die Orientierung am Shareholder Value als weltweit eingesetztes zentrales Instrument der Unternehmensführung ist zunehmend in die Kritik geraten, da durch die Reduzierung auf die Kennzahl des investierten Kapitals für einen konstruktiven Umgang mit der strategischen Ungewissheit und den damit verbundenen Zielkonflikten der Unternehmensentwicklung kaum mehr Raum lässt. Die nächsten Quartalsergebnisse fest im Blick sind Perspektiven zur langfristigen Überlebenssicherung kaum mehr relevant. Die Kurzfristigkeit der Sichtweise dokumentiert sich auch in den immer mehr abnehmenden Verweildauern von CEOs und die Autoren des Wirtschaftslexikons 2009 artikulieren: „Durch neue Vergütungssysteme - Aktienpakete oder Aktienoptionen wurde das Interesse von Topmanagern an schnell steigenden Aktienkursen erweitert. Seit sich schon die Ankündigung, Beschäftigte entlassen zu wollen, für ein Unternehmen kurssteigernd an der Börse auswirkte, steht der Shareholder Value in der Kritik. Er orientiere sich in der Praxis zu sehr an der Kapitalrendite und berücksichtige zu wenig die Interessen aller am Wirtschaftsprozess Beteiligten, der Beschäftigten, der Betriebsräte, der Gewerkschaften, der Kunden, der Lieferanten oder der Standorte und Regierungen.“[15] Insgesamt erzeugt die Orientierung am Shareholder Value ein Tunneldenken, in dem das Wohl der Kunden, das längerfristige Wohl des Unternehmens und ebenso das Allgemeinwohl aus den Augen verloren werden. Der Begriff Nachhaltigkeit findet hier keinen Zusammenhang mehr.

Genauso wie eine nachhaltige Unternehmensführung sind im

Zuge der Wirtschaftskrise andere unternehmerische Prinzipien, die wir im vorigen Kapitel beschrieben haben, auf der Strecke geblieben oder durch den Glauben an ein kontinuierliches Weltwirtschaftswachstum einfach verdrängt worden. Nach der letzten Finanzkrise sind sogar einige Blue Chips zu potenziellen Übernahmekandidaten geschrumpft. Hier rächen sich nicht nur der bilanzielle Substanzverlust einhergehend mit einem Mangel an Liquidität sondern auch die Ignoranz wesentlicher Stakeholder – insbesondere die politischen Entscheider. Teile der Wirtschaft drohen nun in Regulierung, staatliche Beteiligung und öffentliche Kontrolle überzugehe und das neoliberale Wirtschaftsmodell verliert deutlich an Akzeptanz: „Die Finanzkrise des Jahres 2008 hat das bestehende Modell endgültig in Frage gestellt. Der Reputation von Unternehmen kommt dabei in einer medialisierten Wirtschaft aufgrund von unvollständiger und asymmetrischer Informationsverteilung zwischen Unternehmen und Stakeholdern eine herausragende vertrauensstiftende oder -zerstörende Signalwirkung zu. Sie wird so zu einem wichtigen intangiblen Vermögenswert. Diese Entwicklung führt Unternehmen gleichwohl in eine paradoxe Situation: Auf der einen Seite wird der Ruf nach dem Staat und mehr Regulierung unüberhörbar. Das Politische erlebt nach einer Phase der Dominanz des Wirtschaftlichen eine Wiederaufwertung. Die Bemühungen zur Eindämmung der aktuellen Finanzkrise machen das augenscheinlich."[16]

Dieses sich verschiebende Kräfteverhältnis zwischen Staat auf der einen und Unternehmen auf der anderen Seite muss kritisch betrachtet werden, denn eine Regierung, die mit steigender Verschuldung immer mehr an Gestaltungsraum verliert, verstärkt diese Einengung durch die Beteiligung oder Übernahme von Unternehmen mit Steuermitteln und entmachtet sich mithin auf Dauer selbst. Wenn wir nicht wollen, dass „nach der Krise vor der Krise" ist, müssen künftig andere Erfolgsparameter herangezogen werden; dies reflektiert sich auch in der immer lauter werdenden Forderung nach einer neuen und modernen Interpretation der Sozialen Marktwirtschaft.

Die Neuorientierung an den Werten, die für die Funktion unserer Gesellschaft unabdingbar sind, und das Interesse an langfristig prosperierenden Märkten unter Mitwirkung aller Beteiligten einschließlich der Akteure im Kapitalmarkt setzt allerdings eine veränderte Perspektive voraus: Im Zentrum der Zieldefinition und strategischen Unternehmensführung müssen in Zukunft alle wichtigen Anspruchsgruppen stehen, Aktionäre und Politik inklusive. Im Gegensatz zum Shareholder-Value-Konzept, in dem — wie oben erläutert -die Bedürfnisse und Ansprüche der Aktionäre eines Unternehmens im Mittelpunkt stehen, handelt es sich beim Stakeholder Value Konzept um einen Ansatz, der ein Unternehmen in seinem gesamten sozioökonomischen Kontext erfasst und in dessen Mittelpunkt dementsprechend die Bedürfnisse und Erwartungen aller Anspruchsgruppen eines Unternehmens stehen.

Neben vielen anderen bewertet der St. Gallener Managementwissenschaftler Fredmund Malik sowohl eine einseitige Shareholder-Ausrichtung als auch eine einseitige Stakeholder-Ausrichtung als kritisch. Seine Begründung basiert darauf, dass im Rahmen des heute gültigen Stakeholder-Modells, in dem das Management eines Unternehmens keiner Einzelgruppe, sondern allen mit dem Unternehmen in Verbindung stehenden Interessensgruppen verpflichtet ist, leicht in Interessenskonflikte geraten kann: „So plausibel dieses universelle „Harmoniemodell" zunächst aussieht, so desaströs sind seine Konsequenzen. Das Unternehmen wird damit den sich wandelnden Interessenlagen unterschiedlichster Interessengruppen ausgesetzt und steht permanent im Risiko, Sonderinteressen befriedigen zu müssen, statt seinen wirtschaftlichen Zweck zu erfüllen."[17]

Als Beispiele für diese These zieht Malik 1. die USA und England und 2. Österreich und Italien heran. Im ersten Fall hätten die Gewerkschaften und im zweiten Fall die politischen Parteien wesentliche Teile der Wirtschaft über lange Zeit zum eigenen Vorteil missbraucht. Malik führt weiter aus, dass grundsätzlich die Unterordnung von vielen gesellschaftlichen Zielen unter ein einziges nicht funktionieren kann und bezweifelt, dass eine Gesellschaft auf Dauer funktionieren kann, wenn alles gerade nur einem Ziel untergeordnet wird, und sei es ein so wichtiges wie wirtschaftliche Leistung. Seit dem Altertum sind alle großen Staats- und Gesellschaftsphilosophen, vor allem die konservativen und liberalen, zu dem Ergebnis gekommen, dass die Unterordnung aller gesellschaftlichen Ziele unter ein einziges, gleichgültig welches es ist, letztlich die Fähigkeit dieser Gesellschaft zersetzt, überhaupt noch Ziele zu erreichen und Leistungen zu erbringen. Jürgen Mittelstraß, Professor der Philosophie, vertritt eine ähnliche Meinung: „Ein Wirtschaftssystem kann sich nicht außerhalb eines Gesellschaftssystems setzen und umgekehrt. Insofern geht es auch nicht darum, irgendwelche reinen Gesetze wirken zu lassen, seien es wirtschaftliche oder gesellschaftliche, sondern darum, der gesellschaftlichen und sozialen Entwicklung ihre wirtschaftlichen Dimensionen und der wirtschaftlichen Entwicklung ihrer gesellschaftlichen und sozialen Dimensionen zurückzugewinnen."[18]

Entsprechend sind Märkte eben nur dann gesund, wenn die Bedürfnisse aller Marktteilnehmer und -regulative erkannt und berücksichtigt werden. Dazu bedarf es des kontinuierlichen Dialogs mit allen relevanten Stakeholdern eines Unternehmens, nicht nur mit den Shareholdern. Ein solches dialogisches Prinzip setzt aber voraus, dass Unternehmen die Bedürfnisse ihrer Stakeholder kennen. Die Erstellung von Stakeholder-Analysen sind heute aber eher nicht die gängige Praxis. Während im klassischen Produktmarketing die

Einstellungen der Anspruchsgruppe Kunden zu den Werten einer Marke mit hohen Investitionen in Markt- und Meinungsforschung im Detail erforscht werden, sind Analysen anderer relevanten Gruppen häufig nicht Teil der der Unternehmensstrategie. Zu diesen vernachlässigten Gruppen gehören leider auf oft die eigenen Mitarbeiter. Nur ein Drittel aller europäischen Unternehmen beeinflusst und misst direkt, wie das Unternehmen von den Stakeholdern wahrgenommen wird und wie sich dem Unternehmen gegenüber verhalten.[19] Wäre eine Risikoanalyse fester Bestandteil der Unternehmensstrategie, dann wäre auch die Berücksichtigung der Stakeholder-Bedürfnisse abgedeckt (vgl. auch Abschnitt 4.5).

Welcher Vorstand weiß im Detail, was z.B. potenzielle Mitarbeiter, Standort-kommunen, Gewerkschaften, Geschäftspartner und Lieferanten, politische Entscheidungsträger, Oppositionsparteien, Non Governmental Organization (NGOs), Meinungsmacher und Medien in den wichtigen Absatzmärkten wirklich wissen, denken, fühlen und erwarten? Genau dieses Wissen ist es aber, das Unternehmen für eine Planung und Strukturierung ihrer internen und externen Kommunikation als Teil der Unternehmensstrategie brauchen.

Man wird zur Kenntnis nehmen müssen, dass die Einstellung von Stakeholdern immer stärker die Reputation eines Unternehmens beeinflussen werden und damit über die Zeit auch das Standing am Kapitalmarkt. Diese Tatsache wird nicht zuletzt auch durch die sich in den letzten Jahren verändernde Mediennutzung und zunehmende Demokratisierung der Meinungsbildung unterstützt. Die starke Zunahme internetgestützter Medien und Meinungsforen beschleunigt die Meinungsbildung – sie wird vielfältiger und unkontrollierbarer. Das tatsächliche Sozialverhalten von Unternehmen gewinnt immer mehr an Relevanz und wird tagtäglich kommentiert werden. Unternehmen werden sich also in zunehmendem Maße zu erklären haben - intern und extern: „Durch die veränderten Kommunikationsverhältnisse des Web 2.0 können Individuen, Gruppen und Stakeholder als Communitys ihre Erwartungen zur Verantwortung des Unternehmens direkt, ungefiltert und mit zuweilen großer Wirkung über das Netz in die Öffentlichkeit und das Unternehmen kommunizieren und damit einen erheblichen Einfluss gewinnen bzw. sogar Druck auf das Management aufbauen. [...] Wenn traditionelle und Onlinemedien über Unternehmen wiederholt negativ berichten, kann das Auswirkungen auf die Akzeptanz der Produkte und damit wiederum auf die ökonomische Leistungsfähigkeit des Unternehmens haben. [...] In jedem dieser Fälle zeitigt Kommunikation also eine indirekte Wirkung, die in mehr oder weniger akzeptiertem Sozialverhalten eines Unternehmens begründet ist, sich aber auch in der ökonomischen Performance spiegelt."[20]

Es stellt sich die Frage, wie Vorstände unter dem Druck von aggressiven Aktionären, Quartalsberichterstattung, Prognoseverpflichtung, Ad-hoc-Publizität und stetiger Bewertung durch Wirtschaftsmedien, Analysten und Ratingagenturen langfristige Unternehmensziele ansteuern können, die den Gesetzen des eigenen Geschäfts entsprechen, und darüber hinaus die gesellschaftlichen Verpflichtungen seines Unternehmens erfüllen?

Die einfache Antwort lautet: indem Unternehmen kommunizieren und zwar nicht wertorientiert in einem rein ökonomischen Sinn, sondern werteorientiert bzw. wertebewusst: „Werteorientierte Kommunikation zielt auf den Stakeholder Value statt auf den Shareholder Value. Kommunikation wird dadurch differenzierter, kann andererseits auf unteilbare ethische Grundsätze wie Wahrheit, Gerechtigkeit, Achtung des Anderen bauen. Eine Wertegemeinschaft zu begründen ist jedoch nicht damit getan, ein Portfolio von allgemeingültigen Werten und Ethiken in ein Unternehmensleitbild zu gießen. Es kommt vielmehr darauf an, die gemeinsamen Grundlagen und Überzeugungen zu finden, die in der Identität des Unternehmens verankert sind und die Unternehmenskultur ausmachen."[21] Um das zur Realität werden zu lassen, bedarf es grundlegender und tiefgreifender Veränderungen!

Eine unbedingte Voraussetzung für wirtschaftlichen Erfolg ist Wachstum. Leider lehrt uns die Krise, dass Wachstumsfinanzierung um jeden Preis die Nachhaltigkeit gefährdet. Als Beispiel sei hier nur das vielzitierte 25%-Renditeziel der Deutschen Bang angeführt, dass Ackermann herausgab, nachdem er CEO wurde. Vernünftige Renditeziele und Berücksichtigung kaufmännischer Sorgfaltspflicht mit Verantwortung für Risiko, Investition, Ökologie und bilanziellen Substanzaufbau müssen allen Stakeholdern Mehrwert und Nachhaltigkeit versprechen. Im Rahmen dessen ist dann auch angebracht, Managern Boni nur auf der Basis von langfristiger Unternehmenswertentwicklung (z.B. nach 3 Jahren) zu gewähren und Unternehmererfolg muss an diejenigen Stakeholder fair verteilt werden, die unmittelbar an ihm mitgewirkt haben. Dies böte die Chance, aus Stakeholdern über die Zeit Shareholder werden zu lassen, weil sie gut informiert sind und die Unternehmensstrategie akzeptieren, mithin darauf vertrauen, dass der Wert ihrer Beziehung zum Unternehmen langfristig steigt. Damit einher ginge eine Abnahme der Überregulierung der Wirtschaft durch die Politik – entsprechender Sachverstand auf der politischen Seite vorausgesetzt - weil das unternehmerische Schaffen und die Ziele der Unternehmen transparent ist. Staat, Gesellschaft und Wirtschaft können nicht unabhängig voneinander agieren. Die aktuelle Krise führt den Beweis.

2.4   Abhanden gekommenes Wertegerüst

2.4.1   Neue alte Kernwerte

Das Ansehen der Manager hat in den letzten Monaten erheblich gelitten. Wenn verlorenes Vertrauen zurückgewonnen werden soll, müssen grundsätzliche Werte berücksichtigt werden, die die Erwartungen der stakeholder erfüllen. Betriebliche Wertschöpfung funktioniert nicht ohne die gleichzeitige Wertschätzung der Mitarbeiter und weiteren Stakeholder. Die Voraussetzung, um das leisten zu können, ist ein Wertegerüst. Die Voraussetzung, um das in einem weiteren Schritt auch kommunizieren zu können, ist ein entsprechendes Argumentarium.

Die Wertekommission (Initiative Werte Bewusste Führung e.V.), die sich u.a. dafür einsetzt, dass sich Werte in Unternehmen als Basis modernen Managements und erfolgreicher Führung durchsetzen, formuliert sechs zentrale Kernwerte: Nachhaltigkeit, Integrität, Vertrauen, Verantwortung, Mut und Respekt: „Unsere Werte haben wir in zahlreichen Diskussionen und auf Foren definiert und geschärft, neu gefasst und wieder überarbeitet. Sie sind „im Fluss", und wir behaupten nicht, dass es nicht auch andere Werte gäbe, die zählen. Jeder Mensch definiert sein eigenes „Werteset". Uns geht es darum, dass sich Werte als Grundlage modernen Managements und erfolgreicher Führung überhaupt durchsetzen. Die Werte, die wir für uns definiert haben, sollen das verdeutlichen und zum Nachdenken anregen – über die jeweils eigenen Werte ebenso wie über die Chancen wertbewusster Führung."[22]

Die Wertekommission geht u.a. davon aus, dass Werteorientierung auch zu mehr Wertschöpfung führt. Unternehmen müssen Wer-

34

te nicht nur formulieren, sondern diese auch leben, denn Unterneh-
menserfolg lässt sich immer auch an der Einhaltung von Werten
ablesen. Werte zu leben, ist ein Lernprozess für alle Beschäftigten
innerhalb eines Unternehmens - für Mitarbeiter ebenso wie für die
Führungskräfte. Das funktioniert nur, wenn aus den Werten an sich
Anforderungen abgeleitet werden, die zu operativen Management
oder Organisationsprinzipien führen, die dann auch kontinuierlich
eingehalten werden. Ein solcherart werteorientiertes Unternehmen
ist auf der internen Ebene nicht nur ein attraktiverer Arbeitgeber für
Mitarbeiter, sondern die Einhaltung Von Werten führt auf einer externen Ebene auch zu einer besseren Unternehmensreputation bei
den Stakeholdern und darüber hinaus zu einer Stärkung der Aktie
und zu einer Steigerung des Unternehmenswertes.[23]

- Nachhaltigkeit
  Nachhaltigkeit ist ein unternehmerischer Wert, der den Ein-
  klang von ökologischen, ökonomischen und sozialen Para-
  metern bezeichnet.[24] Der Begriff evoziert beim Hören die
  Vorstellung, dass Unternehmen ihr Handeln dauerhaft und
  kontinuierlich ausrichten. Die Wertekommission formuliert
  darüber hinaus, dass Nachhaltigkeit auch meint, dass „Ent-
  wicklungschancen künftiger Generationen als unternehmerischer Handlungsmaßstab"[25] berücksichtigt werden. Fredmund Malik betont in seinem Buch „Gefährliche Managementwörter", dass der Begriff Nachhaltigkeit zum Mode-
  wort zu werden droht. In einem ökologischen Zusammenhang, so Malik, sei der Begriff „[...] mit der Vorstellung des
  schonenden Umgangs mit Ressourcen verbunden oder allgemein damit, einen Zustand, eine Verhaltensweise, eine
  Form des Wirtschaftens auf Dauer aufrechterhalten zu können."[26] In diesem Fall hätte der Begriff die Konnotation,
  dass Nachhaltigkeit gleichzeitig Stabilität meine. Unterneh-

men müssen laut Malik jedoch mehr können. Er betont die Wichtigkeit der Flexibilität von Unternehmen. Diese müssten in der Lage sein, sich stets an neue Entwicklungen, Zustände oder Ereignisse, die nicht vorhersehbar seien, anzupassen.[27] Vor dem Hintergrund der Wirtschaftskrise ist es besonders wichtig, dass Manager ausgewogen handeln, d.h., dass sie nicht nur die kurzfristigen Quartalsgewinne, sondern eben auch die langfristige Profitabilität des Unternehmens im Blick haben.

Nachhaltigkeit wird in vielen Unternehmen unter dem Label der Corporate Social Responsebility gehandhabt. Häufig werden CSR-Maßnahmen von Unternehmen argwöhnisch betrachtet, weil es dem außenstehenden Betrachter nicht immer leicht fällt, zu unterscheiden, welche dieser Maßnahmen tatsächlich ernst gemeint sind und welche dem Unternehmen lediglich zur Imagepflege dienen. Nachhaltigkeit funktioniert nur, wenn sie aus Überzeugung geleistet und langfristig in die Unternehmensphilosophie integriert wird und zu einem zentralen Wert unternehmerischen Handelns und Kernmerkmal glaubwürdiger Kommunikation wird.

- Integrität
  Eine gute Führungskraft muss über persönliche Integrität verfügen, d.h., sie muss gemäß geltender Gesetze, Normen und Regeln handeln und sich selbst und anderen gegenüber aufrichtig sein. Darüber hinaus sollte sich ihr Leben nach Werten, Prinzipien und Selbstverpflichtungen richten.[28] Die Voraussetzung, um dies leisten zu können, ist, dass man ein Bewusstsein dafür hat, was gesellschaftliche Normen und Regeln sind und auch, wie die Stakeholder diese definieren.

Man sollte sich stets darüber im Klaren sein, was eigentlich gesellschaftlicher Common Sense ist und was dementsprechend auch von einem selbst erwartet wird und geleistet werden muss. Das hört sich einfacher gesagt an als getan, wie die Medienberichterstattung in den letzten Jahren eindrücklich belegt. Artikel, in denen Vorständen oder ehemalige Vorstände das mangelnde Bewusstsein für ebendiese Normen und Regeln in Abrede gestellt wird, häufen sich.

Wenn das eigene Kommunikationsverhalten nicht auf das der Anspruchsgruppen abgestimmt ist, kann das zu einer Unternehmens-, Kommunikations- und Glaubwürdigkeitskrise führen: „Doch ist das Bewusstsein für Reputationsrisiken bei zahlreichen Topmanagern eher gering ausgeprägt. Viele Beispiele zeigen, dass CEOs - im Gegenteil – oftmals Auslöser von Glaubwürdigkeitskrisen waren, und das meist deshalb, weil sie ihr Kommunikationsverhalten nicht auf die unterschiedlichen Denk- und Handlungsweisen bestimmter Bezugsgruppen abgestellt hatten."[29] Wenn Führungskräfte oder Vorstände dann noch durch unbedachte Äußerungen auffallen und dies von Journalisten aufgegriffen wird, die das Thema medial ausschlachten, kommt es meist zu einer weiteren Wahrnehmungsdivergenz: „Weil der CEO die Wahrnehmungsmuster seiner Stakeholder - in diesem Fall der Journalisten – nicht antizipiert, sieht er sich als Opfer einer inszenierten Kampagne."[30] Daraus lässt sich ableiten, dass die Integrität von Managern eine Voraussetzung für Glaubwürdigkeit ist. Entsprechend ist Glaubwürdigkeit nichts, das man besitzt, bzw. per se innehat, sondern immer eine Frage des Betrachters. Glaubwürdigkeit wird einem zugeschrieben, d.h., der Einzelne entscheidet nicht selbst, ob er glaubwürdig ist oder nicht, sondern Glaubwürdigkeit entsteht durch den

Dialog, also durch Kommunikation. Dennoch hat der Einzelne, selbst die Möglichkeit aktiv zu seiner Glaubwürdigkeit beizutragen, indem er demonstriert, dass Wort und Tat, dass Versprochenes und Getanes miteinander übereinstimmen („walk the talk"). Darüber hinaus schafft Integrität, verstanden als Orientierung an gesellschaftlichen Normen und Regeln, aber auch Vertrauen. Glaubwürdigkeit ist somit die Vorstufe zu Vertrauen.

- Vertrauen
  Im Gegensatz zur Glaubwürdigkeit, kann man Vertrauen als das umfassendere Konzept betrachten, denn Glaubwürdigkeit bezieht sich in erster Linie auf Personen und Organisationen, wohingegen Vertrauen um die soziale Dimension erweitert werden kann (wie z.B. Vertrauen in ein bestimmtes Staatssystem zu haben etc.). Das Vertrauen ist dabei immer etwas, dass man sich erarbeiten muss: „Vom blinden Vertrauen einmal abgesehen, speist sich Vertrauen aus Erfahrungen der Vergangenheit und Gegenwart und ist dabei auf die Zukunft gerichtet. Denn durch Vertrauen soll. eine Voraussage darüber getroffen werden können, wie sich etwas in Zukunft verhält."[31] Seinen Mitarbeitern Vertrauen entgegenzubringen, bedeutet, dass man diesen den Freiraum ermöglicht, den sie benötigen, um eigenverantwortlich Entscheidungen zu treffen. Vertrauen in jemanden zu setzen, ist ein Verhalten, dass der anderen Person Sicherheit vermittelt, dass man hinter ihr und ihren Entscheidungen steht. Umgekehrt bedeutet Vertrauen geschenkt zu bekommen, dass das Gegenüber überzeugt davon ist, dass man die richtigen Einsichten vertritt und die richtigen Handlungen durchführt.

In der 'Wirtschaftsliteratur wird Vertrauen gemeinhin als ein bedeutendes Mittel gepriesen, „[...] das den Wirtschaftsmotor in Gang hält und dafür sorgt, dass ein Rädchen ins andere greift - zu unser allerVorteil."[32] Dennoch kann Vertrauen auch in die Irre führen, nämlich wenn man z.B. aufgrund vorheriger positiver Erfahrungen erneut einer Person Vertrauen schenkt, die es aber dann unerwartet missbraucht oder wenn man jemandem zu schnell oder zu unüberlegt vertraut. Unser Urteilsvermögen gründet sich nicht nur auf Tatsachen. Allzu oft sieht man in Menschen genau das, was man in ihnen sehen möchte, oder aber man vertraut auf das Urteil Dritter, ob es sich bei einem Menschen um eine vertrauenswürdige Person handelt. Insofern kann es auch durchaus zum Irrtum kommen, bei der Entscheidung, ob man jemandem vertraut oder nicht. Während der Aufbau von Vertrauen sehr lange dauert, kann Vertrauen andererseits innerhalb weniger Augenblicke zerstört werden, wie z.B. auch die Finanzkrise gezeigt hat. Die aktuelle Finanzkrise ist ein perfektes Beispiel dafür, wie zögerliche, mit Halbwahrheiten und Lügen durchsetzte Kommunikation einen Vertrauensverlust noch nie gekannten Ausmaßes verursacht. Jeder misstraut jedem. Keine Bank lieh für eine Zeitlang mehr der anderen Bank Geld. Staaten müssen mit unvorstellbaren Summen einspringen - und schaffen es doch nicht Normalität herzustellen.[33]

Im Unternehmensalltag ist Vertrauen unabdingbar, sowohl, dass der Vorgesetzte Vertrauen in seine Mitarbeiter hat als auch dass die Mitarbeiter ihrem Chef vertrauen. Fredmund Malik kritisiert, dass in der Managerausbildung ein starker Fokus auf die Rolle der Motivation im Arbeitsalltag gelegt wird, es aber vergleichsweise wenige Publikationen zum

Thema Vertrauen gibt.

Dabei geht er davon aus, dass Vertrauen ein grundlegendes Element in Unternehmensführung ist: „Vertrauen ist die Grundlage jeder vernünftigen, menschengerechten, vor allem funktionierenden Form von Führung. Es sind keine besonderen Fähigkeiten und Begabungen erforderlich und schon gar keine hochgestochenen Theorien, wie sie heute für alles und jedes zeitgeistkonform bemüht werden.“[34] Stattdessen sei Vertrauen etwas, das jede Führungskraft leisten könnte, indem zu dem steht, was man sagt und stets hält, was man verspricht: „Als Führungskraft wird man sich zu überlegen haben, was man sagt, vor wem und wann. Wenn man sich aber entschließt, etwas zu sagen, dann muss es so gemeint sein. Und man beachte zweitens, dass das nicht heißt, dass man seine Meinung nicht mehr ändern darf. Man darf und es wird sogar öfter der Fall sein müssen als früher, weil sich die Lage in jeder Organisation heute rascher verändert als vielleicht je zuvor. Man muss nur sagen, dass man seine Meinung geändert hat, und wenn man gut führen will, begründet man seine Meinungsänderung auch.“[35]

- Verantwortung
  Wenn jemand Verantwortung für etwas trägt, heißt das, dass er einen bestimmten Standpunkt vertritt, für diesen einsteht und die Konsequenzen daraus trägt. In einem unternehmerischen Kontext bedeutet Verantwortung außerdem die „Bereitwilligkeit, Eigennutz hinter das unternehmerische Gesamtinteresse zu stellen.“[36] Ein Unternehmen kann nicht abstrakt verantwortlich sein für das, was die Menschen, die in ihm arbeiten, tun. Verantwortung kann immer nur durch

die Menschen selbst übernommen werden. Als Führungskraft in einem Unternehmen trägt man auf der internen Ebene nicht nur die Verantwortung für den reibungslosen Ablauf
der operativen und funktionalen Prozesse innerhalb des Unternehmens, sondern vor allem auch für die Mitarbeiter: „Ihre Verantwortung besteht darin, über ihre Führungskompe-
tenz ihr Team und alle Teammitglieder so zu steuern, dass
die Gesamtverantwortung des Teams erfüllt wird. Das ist
genau die Verantwortung einer Führungskraft, für die optimale Aufstellung des Teams und die effektive und effiziente
Erbringung der sachlichen Aufgaben zu sorgen"[37], so der
Führungskräftecoach Hans-Jürgen Breuer. Auf einer externen Ebene trägt man als Führungskraft die Verantwortung
dafür, dass die Belange und Ansprüche der Stakeholder an
das Unternehmen bestmöglich erfüllt werden.

Die Deutsche Gesellschaft für Personalführung e.V. formuliert Verantwortung als eine „Hol- und Bringschuld"[38]. Damit die Unternehmensentwicklung reibungslos funktioniert,
sind drei wesentliche Punkte auf drei unterschiedlichen Hierarchieebenen des Unternehmens zu beachten: a) Die Unternehmensführung sei verantwortlich , „[...] durch Visionen,
Strategien und Ziele Orientierung zu geben"[39] und ferner dafür, die Rahmenbedingungen für die interne Kommunikation
bereitzustellen; b) müsse jede Führungskraft mittels direkter
Kommunikation den Mitarbeitern für sie relevantes Wissen
vermitteln bzw. auf entsprechende Angebote verweisen und
c). habe jeder einzelne Mitarbeiter auch selbst eine Verantwortung, sich aktiv an der Kommunikation zu beteiligen.[40]

Ein solches Verhalten dokumentiert aber nicht nur die interne Verantwortung von Unternehmen und schafft Orientie-

rung und Vertrauen, sondern die Übernahme von Verantwortung für das wirtschaftliche Geschehen und auch natürlich die Fehler, die dort passieren, sorgt extern dafür, dass die Menschen ihr Vertrauen in die Wirtschaft zurückgewinnen. In der Wirtschaftskrise selbst haben viele Stakeholder das Vertrauen in Unternehmen und vor allem in die Unternehmer verloren – ein Gefühl der Machtlosigkeit macht sich breit. Die zentrale Aufgabe der Führungskräfte besteht vor allem jetzt darin, wieder sinnstiftend zu agieren: »Wirtschaft als Trugbild: Handfeste unternehmerische Realitäten und fiktionale Geschäftsmodelle sind kaum noch auseinander zu halten. [...]. In dieser Krise der Virtualität müssen Unternehmen ihre Stakeholder davon überzeugen, dass sie gesellschaftlich und wirtschaftlich sinnstiftend sind. Das kann nur funktionieren, wenn sie als Unternehmer und Manager ihre Unternehmung selbst, ihre Produkte und deren Entstehung, ihre Geschichte und Zukunftspläne neu vermitteln: Vertrauen - und damit Reputation - ist ein Produkt konkreter Erfahrung und nicht des Glaubens an virtuelle Versprechen....Isolierte CSR-Programme und abgekoppelte Image-Kampagnen, die sich nicht auf den sinnstiftenden Kern eines Unternehmens beziehen, erzeugen hingegen nur Misstrauen. Die Studien zeigen: Das merken die Menschen. Sie sind ja nicht blöd. Verantwortung, Reputation - und damit Bindung – müssen immer aus dem Unternehmen selbst, seinen Zielen, seinen Menschen und seiner Geschichte erwachsen; sie können nicht hinzugefügt oder als Nebenbaustelle entwickelt werden.«[41]

Unternehmerische Verantwortung muss sichtbar sein, wenn der medial vermittelte Eindruck des Versagens von Führungskräften überwunden werden soll. Um Verantwortung übernehmen zu können, braucht es dafür auch den Wert der persönlichen Integrität. Nur dann ist Kommunikation glaubwürdig und nur dann sind Vertrauens- und sinnstiftende Maßnahmen von Unternehmen wirklich lohnend.

- Mut
Unternehmer zu sein und erfolgreich zu führen, heißt mehr, als nur zu Verwalten, nämlich, im wahrsten Sinne des Wortes, zu unternehmen. Mut bedeutet die „Bereitschaft, Neues zuzulassen und anzunehmen, Fehlerfreundlichkeit (trial and error), Kraft zu Entscheidung und Veränderung"[42], so die Wertekommission. Ferner lässt sich aus dem Wert Mut das Managementprinzip der Dezentralisierung von Verantwortung ableiten.e1[43] Mut kann man auch mit Flexibilität und Entscheidungsstärke gleichsetzen. Die Krise hat nicht nur viele überrascht, sondern die damit verbundenen unternehmerischen Misserfolge haben viele auch quasi gelähmt. Der mutige Manager ist in der Lage, Fehler zu erkennen und anzuerkennen und sich davon dennoch nicht abschrecken zu lassen. Sein ethisches Selbstverständnis impliziert die Bereitschaft, immer wieder aufs Neue nicht nur in kalte sondern auch in unbekannte Gewässer zu springen.

- Respekt
Respekt gegenüber anderen Personen ist in der Gesellschaft genauso wichtig wie in Unternehmen. Dabei sollte Respekt

auf allen Unternehmensebenen vorhanden sein: unter Mitarbeitern und zwischen Vorgesetzten und Mitarbeitern. Respekt meint, dass sich Menschen untereinander anerkennen und wertschätzen. Dies bezieht sich in Unternehmen auch auf die Wertschätzung der Verhaltensweisen und Leistungen untereinander. Ebenso ist ein respektvolles Verhalten immer auch ein Verhalten, in dem der Einzelne nicht dominant auf der Richtigkeit der eigenen subjektiven Denkweise besteht, sondern auch andere Verhaltensweisen (von Kollegen, Mitarbeitern, Vorgesetzten) achtet. Respekt beinhaltet gegenseitiger Anerkennung und Wertschätzung, die eine positive Unternehmenskultur auch jenseits der New-Economy entstehen lassen können. Es scheint, dass insbesondere Unternehmen mit einer gelebten Firmenphilosophie, sei es in Form des Familien-Patriarchen aber auch in Form von Leitbildern, es schaffen, dieses gewisse Mehr in ihren Kulturen zu etablieren. Dass dabei neben den organisationalen Rahmenbedingungen natürlich den jeweiligen Führungskräften eine exponierte Rolle zukommt, scheint nur allzu einsichtig. Diese bieten nicht nur in ihrer Einstellung sondern auch durch ihre Täten und Kommunikation eine symbolisierte Identifikationsquelle für zahlreiche Mitarbeiter.

Respekt ist ein Zeichen von Sozialkompetenz und zentraler Erfolgsfaktor für Unternehmen. Respektvolle Unternehmen sind höfliche Unternehmen, die erkannt haben, dass für den Unternehmensalltag neben Fachkompetenz die Sozialkompetenz unerlässlich ist. Das gilt für die externe, ebenso wie für die interne Kommunikation. Führungskräfte und Mitarbeiter sollten Respekt und ein vorbildliches soziales Verhalten stets allen Anspruchsgruppen gegenüber an den Tag legen.

2.4.2   Wertschätzung und Sozialkompetenz

Häufig wird leider die Relevanz des Umgangs unter Mitarbeitern und zwischen Vorgesetzten und Mitarbeitern nach wie vor unterschätzt. Dabei steht fest, dass Mitarbeiter, denen im Unternehmen Wertschätzung entgegengebracht wird, sich wohler fühlen, ihre individuellen Ziele mit denen des Unternehmens verknüpfen und produktiver arbeiten, als solche, die keine Wertschätzung erfahren. Wertschätzung meint nichts anderes als Achtung vor und Anerkennung von anderen Personen und deren Leistungen. Wertschätzung fördert Verbundenheit und Vertrauen und ist damit ein wichtiges Element, das die Sozialkompetenz von Personen kennzeichnet.

Wertschätzung wird durch Kommunikation vermittelt, denn Kommunikation enthält immer einen Inhalts- und einen Beziehungsaspekt. Watzlawick führt aus, dass sich Kommunikationspartner, ganz gleich, ob sie Aussagen tätigen oder Fragen stellen, neben den Inhalten immer auch mitteilen, wie sie dies meinen bzw. wie sie dazu stehen: „Wenn man untersucht, was jede Mitteilung enthält, so erweist sich ihr Inhalt vor allem als Information. Dabei ist es gleichgültig, ob diese Information wahr oder falsch, gültig oder ungültig oder unentscheidbar ist. Gleichzeitig aber enthält jede Mitteilung einen weiteren Aspekt, der viel weniger augenfällig, doch ebenso wichtig ist - nämlich einen Hinweis darauf, wie ihr Sender sie vom Empfänger verstanden haben möchte. Sie definiert also, wie der Sender die Beziehung zwischen sich und dem Empfänger sieht, und ist in diesem Sinn seine persönliche Stellungnahme zum anderen."[44] Der Inhaltsaspekt gibt Antwort auf die Frage, was kommuniziert wird, der Beziehungsaspekt vermittelt, wie etwas kommuniziert wird und bestimmt entscheidend darüber, ob sich die angesprochene Person wertgeschätzt fühlt. Es

liegt in der Verantwortung der Führungsperson, das „Wie" der Kommunikation zu gestalten. Die Führungsperson hat durch die Position, die sie bekleidet, per se erst einmal eine Autorität. Dementsprechend liegt es auch in ihrer Verantwortung, das „Wie" der Kommunikation zu definieren. Dadurch wird die Basis für die Art der Beziehungsqualität gelegt.

Wertschätzung am Arbeitsplatz hat aber auch gesundheitliche Vorteile. Wenn Mitarbeiter sich als Mensch wahr- und ernst genommen fühlen, sind sie belastbarer und seltener beziehungsweise kürzer krank. Sie zeigen eine bessere Leistungs- und Konzentrationsfähigkeit, wenn sie geschätzt werden oder sich wichtig fühlen. Damit profitiert das gesamte Team, denn wer sich am Arbeitsplatz von Kollegen wertgeschätzt fühlt, wird nach einer Erkrankung oder einem Unfall auch schneller wieder an den Arbeitsplatz zurückkehren, weil er weiß, dass die Kollegen auf ihn Rücksicht nehmen und ihn brauchen. Zudem kommen Konflikte im Team schneller auf den Tisch oder entstehen gar nicht erst, denn Konfliktursache ist in vielen Fällen ein Gefühl wie „der nimmt mich nicht ernst". Wertschätzung ist immer Ausdruck der persönlichen Haltung einer Person und eine Frage des persönlichen Bewusstseins für die Relevanz von Sozialkompetenz in einem Unternehmen.

Aber nicht jede Führungskraft empfindet tatsächlich Wertschätzung ihren Mitarbeitern gegenüber, und nicht jede Führungskraft ist in der Lage, diese Wertschätzung auch zu äußern. Das Gegenteil von Wertschätzung ist Ignoranz. Wer seine Mitarbeiter, deren Leistungen, Ansprüche und Bedürfnisse dauerhaft ignoriert, riskiert nicht nur, dass sich diese an ihrem Arbeitsplatz zunehmend unwohler fühlen, sondern auch dass diese ihren Vorgesetzten gegenüber

Blockaden und Misstrauen aufbauen. Auch das Buhlen um Aufmerksamkeit aufseiten der Mitarbeiter kann eine Folge von Ignoranz seitens der Führungsperson sein. Das zu vermeiden sollte ein Leichtes sein, denn im Grundsatz ist Wertschätzung etwas, das jeder lernen und leisten kann, unabhängig von der Hierarchieebene oder Funktion.

Es gibt zahlreiche Definitionen für den Begriff der Sozialkompetenz. In diesem Kontext soll unter Sozialkompetenz all die Fähigkeiten und Einstellungen einer Person, die für die soziale Interaktion nützlich sind und die es ihr ermöglichen, ihr persönliches Verhalten auf die gemeinsame Handlungsorientierung einer Gruppe hin auszurichten verstanden werden. So werden persönliche Handlungsziele mit denen einer Gruppe verknüpft. Sozialkompetenz zählt zu den sogenannten Soft Skills einer Person. Die Sozialkompetenz der Mitarbeiter in Unternehmen ist - auch aus finanziellen Erwägungen - wichtig, denn Schadenswiedergutmachung kostet in der Regel mehr als Schadensprävention. In einen grundsätzlich höflichen Umgang allen Anspruchsgruppen gegenüber zu investieren, kostet den Einzelnen wenig. Umgekehrt bekommt man viel dafür zurück, denn zufriedene Mitarbeiter sind produktiver als solche, die sich nicht wertgeschätzt fühlen.

Im beruflichen Alltag werden unter dem Label der Sozialkompetenz häufig genau die Eigenschaften genannt, die hier im vorherigen Abschnitt als die sechs Kernwerte dargestellt wurden. Aber auch die Sensibilität, Empathie, Kommunikationsfähigkeit, Loyalität und die Vorbildfunktion einer Person sind wesentliche Elemente deren Sozialkompetenz. Gleichzeitig stellen diese Eigenschaften wichtige Faktoren einer guten Unternehmensführung dar, denn sie beeinflussen das Verhalten und die Einstellungen der Mitarbeiter im besten Sinne und schaffen Loyalität, Vertrauen und Begeisterung für das

Unternehmen Begeisterung kann man nicht einfordern, man muss sie sich - genauso wie Vertrauen und Loyalität - verdienen. Monetär kann Begeisterung kurzfristig ausgelöst werden, aber auf Dauer ist das Zwischenmenschliche, das Begeisterung auslöst - und damit für emotionale Verbundenheit sorgt.

Umgekehrt führt fehlende Loyalität des Arbeitgebers automatisch zu fehlender Loyalität bei den Mitarbeitern. Sozialkompetenz ist Teil guter Unternehmensführung. Gute Unternehmensführung und Sozialkompetenz sind mithin nicht voneinander trennbar. Dazu der kanadische Managementforscher Mintzberg: „Wir brauchen keine Fachleute mit akademischem Befähigungsnachweis, sondern Führungspersönlichkeiten mit sozialen Kompetenzen. Besonders in größeren Unternehmen hängt der Erfolg nicht von den Eigenaktivitäten der Manager - ihren Ressourcendispositionen oder Entscheidungen - ab, sondern von der Unterstützung, die sie anderen zuteilwerden lassen."[45]

2.4.3   Soziale Intelligenz von Unternehmen

Neben der Sozialkompetenz ist die soziale Intelligenz und deren Einfluss auf die Führungsfähigkeiten einer Person ein weiterer Bereich, der zunehmend erforscht wird. Zehn Jahre nach Erscheinen seines Buches „Emotionale Intelligenz" widmet sich der Psychologe und Wissenschaftsjournalist Daniel Goleman der Erforschung des sozialen Verhaltens von Menschen im. Umgang mit anderen auf einer neurowissenschaftlichen Ebene. Konkret untersucht er den Zusammenhang zwischen den sogenannten Spiegelneuronen und einem guten Führungsverhalten. Soziale Intelligenz definiert er als „[...] eine Reihe zwischenmenschlicher Fähigkeiten, die auf bestimmten neuronalen Schaltkreisen – und damit in Verbindung stehenden Hormonsystemen - beruhen und andere Menschen zu effizienter Arbeit inspirieren."[46] Goleman geht davon aus, dass die Spiegelneuronen Menschen dazu verhelfen, unbewusst sowohl Gefühle als auch Handlungen ihrer Mitmenschen zu erspüren und zu imitieren. Vernetzte Spindelzellen sorgten dafür, dass unser Gehirn wiederkehrende Muster erkennt und wir entsprechend handeln, und zwar rein intuitiv. Ferner werde die Körpersprache von sogenannten Oszillatoren gesteuert, was dazu führe, dass sich Menschen mit anderen Menschen synchron bewegen könnten. Laut Goleman zeichnen sich gute Führungskräfte dadurch aus, dass sie in der Lage sind, gute soziale Beziehungen zu ihren Mitarbeitern aufzubauen. Soziale Intelligenz sei dabei aber nicht genetisch bedingt, so Goleman, sondern durchaus erlernbar, z.B. in Form von Coachings.

Und dennoch wird das Thema oft vernachlässigt. Auch Coachingangebote werden noch nicht generell als Unterstützungsinstrument wahrgenommen. Sei es, weil Unternehmen eher auf die Fach- als die Sozialkompetenz ihrer Mitarbeiter fokussieren; sei es, weil Zett und Bereitschaft fehlen.

2.5   Diskussion Management versus Leadership

Nicht Verfahren, Anweisungen oder bürokratische Richtlinien steuern eine Unternehmen, sondern seine Führungskräfte gelenkt. Veränderungen, die heute zur Sicherstellung der Leistungsfähigkeit von Unternehmen notwendig sind, erfordern von den Führungskräften Engagement und Begeisterung. Diese Veränderungen lassen sich nicht erzwingen. Es ist wichtig, Organisationen zu managen um das Funktionieren der normalen operativen Prozesse zu gewährleisten.

Spätestens seit dem Beginn der globalen Krise jedoch liegt die größere Herausforderung darin, die Unternehmen durch die erforderlichen Veränderungsprozesse zu führen. Führungskräfte sind Agenden der Veränderung. Von ihnen hängt es ab, ob der Veränderungsprozess gelingt und sich das Unternehmen für Zukunft aufstellen kann.

Es wird schon immer viel über Führung diskutiert, vor allem aber über die Qualitäten, die eine gute Führungskraft auszeichnet. Wie häufig begegnen wir dem Vorgehen, dass eine gute Fachkraft zum Leiter / Manager befördert wird, der dann nicht führen kann? Das Unternehmen hat dann gleich zwei Fehler begangen: es verliert eine gute Fachkraft und hat doch keine Führungskraft. Zukunftsszenarios bringen ein neues Bild für Führung ins Blickfeld. „Führung muss komplett neu gedacht werden", sagt Sprenger.[47] Führung legitimiert sich nicht mehr durch einen Rang in der Hierarchie oder Anzahl der Mitarbeiter, die jemand „unter" sich hat, sondern Führung versteht sich mehr und mehr als komplexe Dienstleistungsfunktion für das gesamte Unternehmen und dessen Mitarbeiter. Die Führungskräfte, die jetzt benötigt werden, haben mehr denn je das Nichtvorhersebare und die Unsicherheit zu managen, denn Unternehmen sind nur dann erfolgreich, wenn sie es schaffen, dynamisch mit den turbulenten Umfeldbedingungen umzugehen. „Unter Management versteht man eine Reihe von Prozessen, die ein kompliziertes System von Menschen und Technologien reibungslos in Gang halten. Management bedeutet Planung, Budgetierung, Organisation, Personal Controlling und Problemlösung."[48] Leadership und Mangement sind zwei prinzipiell unterschiedliche, aber sich ergänzende Handlungsmuster. Management ist notwendig, um die alltäglichen, aber oft komplexen Organisationsprobleme zu bewältigen. Leadership ist gefragt, wenn es um Veränderungen geht, um Unternehmen neu zu gestalten. Leader arbeiten mit Unsicherheiten und damit mit nicht messbaren Risiken, während Manager eher mit bekannte Prozesse steuern. Es gibt wenige Menschen, die in gleichem Maß Leadership- und Managementqualitäten entwickelt haben. In großen Unternehmen ist es auch sinnvoll, Spitzenleute entweder in Richtung Management oder in Richtung Leadership zu entwickeln, wobei häufig die Tatsache übersehen wird, dass bestimmte Voraussetzungen erfüllt sein müssen, um überhaupt eine gezielte Leadershipentwicklung angedeihen zu lassen: Leader haben Spaß daran, mit Menschen zu arbeiten, sie haben eine optimistische Grundeinstellung, sind neugierig und können kommunizieren!

Veränderungen in Organisationen benötigen beide Fähigkeiten, um erfolgreich zu sein, wobei der Leadershipaspekt immer größere Bedeutung bekommt. „Führung definiert, wie die Zukunft aussehen sollte, macht Menschen mit dieser Vision vertraut und motiviert sie dazu, diese Zukunft trotz der Hindernisse Wirklichkeit werden zu lassen."[49] Unternehmen mit guten Führungskräfteprogrammen sollten besonderen Wert darauf legen, ihre Nachwuchsführungskräfte mit beruflichen Herausforderungen im Sinne des Führens zu konfrontieren. Es ist essentiell, gezielt auf Führungspositionen vorbereitet zu werden und mit erfahrenen Führungskräften in geschütztem Rahmen das eigene Führungsverhalten reflektieren zu können. Auch der Beruf „Führung" muss geübt und immer wieder reflektiert werden. Letztlich hängt der Erfolg eines Unternehmens davon ab, ein ausgewogenes Verhältnis zwischen Leadership und Management herzustellen.

3. Führende Kommunikation

3.1 Veränderungsnotwendigkeit der Kommunikation

Veränderungsprozesse in Organisationen sind gekennzeichnet durch eine starke Zunahme der wahrgenommenen Umfeld-turbulenzen. LIEBL macht dafür vier Faktoren verantwortlich:[50]

- Hohe Ereignisdichte und dynamische Beschleunigung der Prozesse.
- Hohe Relevanz der geplanten Veränderung für die Organisation mit einem erhöhten Risiken-/Chancenprofil.
- Steigende Komplexität; immer mehr Facetten bzw. Umfeldbereiche werden relevant, die Zahl der Handlungsalternativen wächst.
- Erhöhte Kontingenz und abnehmende Vertrautheit der Ereignisse; Entwicklungen werden diskontinuierlich, die Betroffenen sehen sich mit völlig neuen Sachverhalten konfrontiert.

Veränderungsprozesse mit hoher Intensität, Paradigmenwechsel und Veränderung von Strukturen sind darüber hinaus aufgrund der Stakeholder durch kommunikative Multidimensionalität gekennzeichnet. Führung in Veränderungsprozessen bedeutet immer auch Kommunikation. Schon der Altmeister Kotter benennt acht möglich Hürden bei Veränderungen, die direkt oder indirekt mit Kommunikation zusammenhängen und bietet entsprechende Lösungsmöglichkeiten an. Aus diesen Lösungsstrategien leiten sich die Aufgaben des Managements eng verzahnt mit den Aufgaben der Kommunikation ab.

Pfannenberg unterscheidet vier Positionen zur Kommunikation in Veränderungsprozessen:[51]

- Kommunikation als Mittel zur Veränderung der Unternehmenskultur – Im Vordergrund jedweder strategischen Veränderung in einem Unternehmen steht die Unternehmenskultur. In der Literatur wird diese Entwicklung als ständiger Prozess gesehen, der niemals abgeschlossen ist. Dem ist entgegen zu halten, dass eine Analyse der Unternehmenskultur zwar Ansatzpunkte zur Transformation des Verhaltens liefert, jedoch können „[…] Programme zur Veränderung der Unternehmenskultur, die unmittelbar auf die Veränderung von Normen und Werten zielen, die Unternehmenswirklichkeit nicht verändern. Dies kann nur mit verhaltensorientierten Konzepten erreicht werden."[52] Unternehmensleitsätze differenzieren heute so gut wie gar nicht mehr vom Wettbewerb.
- Kommunikation als Wertemanagement – Hier wird der Markenwert als Orientierungspunkt für Mitarbeiter in beanspruchenden Veränderungszeiten kommuniziert. „Aufgabe der Mitarbeiterkommunikation in Change-Prozessen ist es dementsprechend, die Unternehmensmarke nach innen zu emotionali-sieren, damit sie nach außen gelebt werden kann."[53] Diese sogenannten Brand-Value-Konzepte basieren auf der unrealistischen Annahme, dass Werte Verhalten bzw. Menschen verändern können. Diese auf Identität und damit Selbstgleichheit gerichtete Kommunikation fördert jedoch eher die Nichtwahrnehmung von erforderlichen Veränderungen. Emotionalisierung des Wertesystems blockiert Veränderungen.

- Kommunikation als Dialog – Der Dialogansatz proklamiert die Einsicht, dass Kommunikation in der Interaktion realisiert wird. Allerdings zielt der emphatische Dialog-Begriff auf den Konsens der Werte und lässt sich insofern für die Steuerung von Kommunikationsprozessen nicht nutzbar machen. „Kommunikationsmanagement ist eben nicht verständnisorientiertes Handeln, sondern strategisches Bewirken von Unternehmenszielen.“[54]

- Kommunikation zur Reduzierung von Veränderungswiderständen – Änderungs-widerstände, die individuell begründet sind, treten dann auf, wenn „[...] die vom Unternehmen erbrachten und vom Mitarbeiter positiv bewerteten Anreize geringer sind als die damit verbundene Arbeit“[55] oder sich in organisatorischen Rahmenbedingungen begründen. Jedwede Klassifizierung solcher Widerstände hilft zwar der inhaltlichen Ausrichtung der Kommunikation, führt aber nicht zu Verhaltensänderungen.

Für das Kommunikationsmanagement in Rahmen des Change Managements bedeuten die obigen Ausführungen das in den Mittelpunkt stellen funktionaler Beziehung und damit das Ablösen der Diskussionen über Verhalten durch strategische Steuerung des Verhaltens. Kommunikationsmanagement ist dann das Handeln im sozialen / organisatorischen System und nicht mehr die Beeinflussung von Wertsetzungen bei den individuellen Organisationsmitgliedern. Schmidt konstatiert das Versagen persuasiver Kommunikationsmodelle und befürwortet die Substitution durch Interaktionen im sozialen System.[56] In der Veränderungskommunikation geht es weniger um Informationen, sondern um Orientierung durch Komplexitätsbewältigung, was nur durch kontinuierliche Sinnaktualisierung bewältigt werden kann.

3.2 Ganzheitliche Führungskommunikation

Kognitive Fähigkeiten sind Schlüsselkompetenzen heutiger Führungskräfte. Führungskräfte müssen sich ständig auf neue Dinge und Situationen einstellen, jederzeit präsent und aufmerksam sein, schnell abstrahieren und entscheiden können. Sie müssen einen klaren Kurs vorgeben, auch wenn die Situation alles andere als klar ist. Dazu braucht es nicht nur eine ausgewiesene Fachkompetenz von Managern, sondern vor allem auch - wie oben erläutert – eine ausgeprägte Sozialkompetenz und entsprechende kommunikative Fähigkeiten. Führungskräfte müssen nicht nur wissen, was in welcher Situation kommuniziert werden muss, sondern vor allem auch, wie und mit welchen Mitteln es kommuniziert werden muss.

Im Alltag wird unter Kommunikation häufig die Verständigung zwischen Menschen oder zwischen Menschen und Maschinen verstanden. Das ist sehr pauschal und wenig spezifisch, denn Verständigung muss dabei nicht zwangsläufig Einigung heißen, sondern kann auch als Dialog, Diskussion oder Auseinandersetzung interpretiert werden. Ein anderes Verständnis von Kommunikation meint damit jegliches Verhalten von Menschen miteinander. So impliziert das bekannte von Paul Watzlawick stammende Axiom „Man kann nicht nicht kommunizieren",[57] dass jegliches Verhalten, auch Schweigen, Kommunikation ist. Was bedeutet das?

Kurzer wissenschaftlicher Exkurs : Kommunikation und Verhalten
Watzlawick hat sich in seiner Arbeit mit den Auswirkungen von Kommunikation auf das Verhalten der Teilnehmer beschäftigt und sich bei seiner Betrachtung auf den Standpunkt eines externen Beobachters gestellt. Er betrachtet ausschließlich das beobachtbare Verhalten der Individuen. Das Innere der Individuen stellt für ihn

eine sogenannte Blackbox dar. D.h. Emotionen, Motivationen und Einstellungen sind nicht erkennbar und kommen dementsprechend in seiner Definition von Kommunikation auch nicht vor. Das Kommunikationsverständnis von Watzlawick: Kommunikation ist, was beobachtbar ist. Kommunikation ist für Watzlawick alles, was in der Interaktion geschieht. Eine einzige Kommunikation nennt Watzlawick eine Mitteilung. Unter Interaktion versteht Watzlawick den wechselseitigen Ablauf von Mitteilungen zwischen zwei oder mehreren Personen. Vor diesem Hintergrund formuliert er sein Kommunikationsverständnis: „Man kann auch nicht sagen, dass Kommunikation nur dann stattfindet, wenn sie absichtlich, bewusst und erfolgreich ist, d.h. wenn gegenseitiges Verständnis zustande kommt. Die Frage, ob eine empfangene Mitteilung der ausgesandten entspricht, gehört, so richtig sie an sich ist, nicht hierher: Letzten Endes könnte sie ja nur auf der Grundlage spezifisch introspektiver oder subjektiver Angaben beantwortet werden – also einer Form von Daten, die (wie schon mehrfach betont) in einer auf beobachtbarem verhalten beruhenden Kommunikationstheorie unberücksichtigt gelassen werden müssen."[58] D.h., dass diese behavioristischen Grundlagen es Watzlawick nicht erlauben, das Vorhandensein von Kommunikation davon abhängig zu machen, ob eine Person mit ihrem Verhalten einer anderen Person gegenüber eine Mitteilungsabsicht verbindet. Denn diese ist für den externen Beobachter nicht allein durch Beobachtung feststellbar. „Es muss ferner daran erinnert werden, dass das Material jeglicher Kommunikation keineswegs nur Worte sind, sondern auch alle paralinguistischen Phänomene (wie z.B. Tonfall, Schnelligkeit oder Langsamkeit der Sprache, pausen, Lachen und Seufzen), Körperhaltung, Ausdrucksbewegungen (Körpersprache) usw. innerhalb eines bestimmten Kontextes umfasst - kurz, Verhalten jeder Art."[59] Verhalten hat kein Gegenteil, d.h., man kann sich nicht nicht verhalten. Der Mensch verhält sich demnach immer irgendwie, solange er lebt.

56

Daraus folgert Watzlawick: „Wenn man also akzeptiert, dass alles verhalten in einer zwischenpersönlichen Situation Mitteilungscharakter hat, d.h. Kommunikation ist, so folgt daraus, dass man, wie immer man es auch versuchen mag, nicht nicht kommunizieren kann."[60]

Was bedeutet das für die Unternehmenspraxis? Ein solches Kommunikationsverständnis greift für heutige Erörterung von Führungskommunikation jedoch zu kurz. Nicht jedes Verhalten im Alltag und im Unternehmensalltag ist automatisch auch Kommunikation ist, da hier ein grundlegendes Kernmerkmal von Kommunikation fehlt, nämlich, dass Kommunikation Gemeinschaft herstellt. Unter Kommunikation soll hier entsprechend folgendes verstanden werden: „Kommunikation ist jede Art des verbalen wie nonverbalen Verhaltens, das sich an ein Du richtet. [...] Nur jenes Verhalten, das sich an andere richtet, ist zugleich Kommunikation."[61] Insofern ist Führungskommunikation nicht jegliches Verhalten, sondern eben nur jenes Verhalten, das für andere beobachtbar ist. Die Medienberichterstattung führt es einem deutlich vor Augen: Gerade hier zeigt sich, dass das Verhalten von Führungskräften, die im Blickfeld stehen, sehr genau beobachtet und interpretiert wird. Häufig werden auch dann Mitteilungsabsichten unterstellt und ein Verhalten, das sich nicht an eine andere Person richtet, als Kommunikation wahrgenommen, auch wenn das nicht vorgelegen hat: „Beispielsweise wird ein Kommunalpolitiker in einer Bürgerversammlung aufgefordert, sich bei dem örtlichen Bundestagsabgeordneten über eine geplante Umgehungsstraße zu informieren. Statt dieser Aufforderung nachzukommen, vertröstet der angesprochene Politiker in den nächsten Wochen die Bürger und kümmert sich stattdessen um weniger aktuelle Themen [...] Solches Verhalten wird von den wartenden Bürgern nun unter kommunikativen Gesichtspunkten als Ignoranz oder Inkompetenz wahrgenommen."[62] Daraus resultiert, dass jede Führungskraft sowohl ihr verbales als auch ihr nonverbales Verhalten stets bedenken sollte, denn jegliches Verhalten kann von den Stakeholdern prinzipiell als Kommunikation aufgefasst werden und das ist für die Betroffenen häufig ein sehr folgenreiches Verständnis: „Zu Hause brennt die Hütte und die Verantwortlichen ziehen es vor, ihren gebuchten und bezahlten Sommerurlaub abzuschließen oder nicht mit Mitarbeitern oder Journalisten zu sprechen. [...] Solch ein Verhalten rächt sich meistens bitter."[63]

Es macht wenig Sinn, eine Aussage nur im Hinblick auf die Frage zu untersuchen, wer etwas gesagt oder getan hat und was gesagt und getan wurde. Das ist zwar immer ein erster Schritt, führt aber nicht weit genug, denn je nachdem welche Gruppe von Stakeholdern, ob z.B. Mitarbeiter, Shareholder oder Journalisten Empfänger der Aussage sind, ist auch die Wirkung eine andere. Das gilt gleichermaßen für die verbale und die nonverbale Kommunikation.

Führungskommunikation ist ein Teil der Unternehmenskommunikation, die alle kommunikativen internen und externen Akte eines Unternehmens umfasst, kurz den Dialog mit allen Stakeholdern. Über Unternehmenskommunikation definiert und steuert sich ein Unternehmen, d.h., es konstituiert sich über Kommunikation; anders ausgedrückt: Kommunikation ist ein Führungstool und konstruiert die Unternehmenswirklichkeit. In der Führungskommunikation werden Werte, Strategien usw. vermittelt. Führungskommunikation ist ein dialogischer Prozess, bei dem nur Sender und Empfänger gemeinsam einen Bedeutungszusammenhang generieren können. Führungskommunikation ist zweckgerichtet, d.h. top down, nimmt aber Elemente bottom up auf.

Für die Führungskommunikation sind sowohl alle Äußerungen, die mit Worten geschehen und die Stimme, Tonfall und Sprechen betreffen, relevant, als auch alles, was zum Bereich des Nonverbalen gehört, also Gestik, Mimik und Körperhaltung. Wirkung einer Rede hängt ca. 90 Prozent von Nonverbalem ab. Dazu ein aussagekräftiges Beispiel, das unsere These untermauert: Michael Argyle, amerikanischer Sozialpsychologe, geht davon aus, dass die Wirkung einer Rede nicht nur vom Inhalt, also dem Gesagten, sondern bis zu 93 Prozent von nonverbalen Verhaltensweisen abhängig ist. Wenn ein größeres Publikum nach der Wirkung eines Redebeitrags gefragt wird, wie der Sprecher auf es gewirkt hat, macht der Inhalt des Redebeitrags nur sieben Prozent des Gesamturteils aus. Die Körperhaltung, der Blick und die Gestik des Sprechers fließen zu 55 Prozent in das Gesamturteil ein, das Sprechen an sich zu 38 Prozent.[64] Grund genug, Führungskommunikation ganzheitlich zu betrachten und zu analysieren.

Man betrachte also a) den Inhalt, b) die Art und Weise und c) den Effekt von Führungskommunikation. So können typische Kommunikationsprobleme in Unternehmen, die ggf. auf schlechte Führungskommunikation zurückzuführen sind, identifiziert werden. Kommunikationsprobleme resultieren häufig in Schuldzuweisungen, Manipulationen und Unterstellungen. Durch die konkrete Benennung der Probleme und die Analyse der Ursachen ist es anschließend möglich, Wege aufzuzeigen, diese Stolpersteine künftig zu umgehen. Die Analyse der Ursachen mag nicht jedem gefallen, weil immer auch eine gehörige Portion Selbstkritik dazu gehört, sie ist aber unverzichtbar: „Wenn wir von Lösungen sprechen, sollten wir uns gegenseitig zumuten, auch unsere menschlichen Hemmnisse und Grenzen anzusprechen, diese also nicht zu verschweigen oder einfach über sie hinwegzugehen. Sie spielen ohnehin in jedem kommunikativen Akt eine Rolle, uns selbst meist unbewusst. Unsere Gesprächspartner spüren unsere Probleme und sie fragen sich: Warum redet der so? Warum sagt der das? Warum verhält er sich in diesem Punkt so merkwürdig? Warum kapiert er das nicht?"[65] Die Antworten auf diese vier Fragen liegen im Menschen selbst, denn in jeglicher Kommunikation kommt immer die gesamte Person mit all ihren Eigenschaften und Eigenheiten zum Ausdruck. Aus diesem Grund muss auch stets die gesamte Person in den Blickpunkt der Analyse von Führungskommunikation genommen werden und nicht nur ihr Kommunikationsverhalten.

3.2.1 Verbale Kommunikationsfähigkeiten

Das System sprachlicher Zeichen ist das am besten entwickelte und auch differenzierteste System, das uns für unsere Kommunikation zur Verfügung steht. Mit diesem können wir unseren Kommunikationspartnern im Prinzip fast alles mitteilen, was überhaupt kommunizierbar ist. Gesprochene Sprache ist mehr als nur ein Transportmittel. Sie ist ein Ausdruck von Denkprozessen des Sprechers, die auf der Grundlage seiner Weltanschauungen und Wahrnehmungen stattfinden. Der Sprachwissenschaftler Edward Sapir hat neben anderen im Rahmen seiner Forschungen herausgefunden, dass Sprache das Denken beeinflusst, quasi die Wahrnehmung der Welt determiniert. Konkret heißt das, dass die Sprache eine zentrale Rolle bei der Gestaltung unseres Weltbildes spielt: „Menschliche Wesen leben [...] sehr weitgehend in der Welt der besonderen Sprache, die für ihre Gesellschaft zum Medium des Ausdrucks geworden ist. Es ist durchaus eine Illusion, man passe sich der Wirklichkeit im Wesentlichen ohne Hilfe der Sprache an. [...] Tatsächlich wird die „Reale Welt" sehr weitgehend unbewusst auf den Sprachgewohnheiten der Gruppe erbaut. Es gibt keine zwei Sprachen, die einander so ähnlich wären, dass man behaupten könne, sie repräsentieren dieselbe gesellschaftliche Wirklichkeit."[66]

Das bedeutet für den unternehmerischen Alltag, dass bei jeder Kommunikation mit den Stakeholdern immer bedacht werden sollte, dass Sprache Realität niemals eins zu eins abbildet, sondern dass Sprache die Realität immer rekonstruiert. Stakeholder als Empfänger rekonstruieren ihre eigene subjektive Wirklichkeit wiederum mittels Sprache. Man darf also nicht blindlings davon ausgehen, verstanden zu werden, sondern sollte sich bei der Vorbereitung des Gesprächs mit den Stakeholdern immer vor Augen führen, dass diese in ihrer ganz eigenen Welt leben und Dinge womöglich anders verstehen, als sie vom Sprecher intendiert wurden: „Wir können uns nicht oft genug vor Augen führen, dass der Andere anders ist als wir selbst, mit anderen Erfahrungen und einer anderen Art der Wahrnehmung. Zu akzeptieren, dass er anders ist, ohne es als eine latente Kränkung aufzufassen, dass der Andere nicht so denkt, fühlt, sieht und spricht wie wir selbst, ist eine Frage der Toleranz."[67]

Die eigene Sicht der Wirklichkeit entspricht niemals der Wirklichkeit an sich. Innerhalb eines Unternehmens existieren immer viele verschiedene Sichtweisen, und auch die Sichtweisen der Stakeholder untereinander unterscheiden sich. Dementsprechend wird ein und dieselbe Sachlage von unterschiedlichen Rezipienten unterschiedlich interpretiert und unterschiedlich sprachlich formuliert: „Wer Menschen führt, sollte auch genauer wissen, wie weit die Sprache uns aus der komplexen Fülle unserer Gedanken herausträgt. Er sollte mit seinen Mitarbeitern darüber reden, dass Sprache stark vereinfacht, was wir denken, fühlen und in inneren Bildern erleben. Jedes Problem, dem wir uns sprachlich nähern, um uns darüber zu verständigen, wird durch die Sprache aus einem vielschichtigen Bau gerissen; durch die Aufreihung von Wörtern und Sätzen wird ein lineares Hintereinander vorgetäuscht, wo sich in unserem Kopf ein plastischer Problemkörper mit tausenden von

Verbindungen in intelligente und emotionale Territorien entwickelt, von Rückfragen und Visionen durchzogen, von Einwänden und Wünschen gefärbt. [...] Die Sprache, die wir im Team verwenden, ist ein Schlüssel - der kodiert und dekodiert, was wir denken, wollen, beschließen."[68] so die Unternehmensberaterin und Literaturwissenschaftlerin Gertrud Höhler.

Es ist völlig üblich, dass es bei der alltäglichen Kommunikation immer auch zu Missverständnissen kommen kann, d.h., dass das, was von einem Sprecher gesagt wird, von den Rezipienten, ganz anders aufgefasst und gedeutet wird. Im Prinzip ist jedem Sprecher klar, dass das, was man mit Worten ausdrückt, beim Hörer falsch ankommen kann. Die Frage, wer für die Differenz zwischen dem, was beabsichtigt war und dem, was ankommt, verantwortlich ist, wird letztlich nie geklärt werden können. Wichtig ist jedoch, dass man sich beim Kommunikationsprozess die eigene Verantwortlichkeit vor Augen führt: „Als Sender verschlüsseln wir, wenn wir unser Anliegen in Sprache fassen. Als Empfänger entschlüsseln wird, wenn wir die Botschaft des Anderen aufnehmen. Die Störungen bei diesem Prozess sind vielfältig, sie können minimiert werden, wenn beide Seiten bestimmte Verantwortlichkeiten übernehmen."[69] Es wäre grundfalsch, allein den jeweils anderen für ein mögliches Missverständnis verantwortlich zu machen. Zu denken, der andere müsse uns doch verstehen, wir hätten uns doch klar ausgedrückt, mag - was den eigenen klaren Ausdruck betrifft - zwar stimmen, dennoch ist das kein Garant dafür, auch so verstanden zu werden, wie man es beabsichtigt hat. Der Empfänger versteht grundsätzlich nur das, was er aufgrund seiner eigenen Wahrnehmung und Vorbildung auch verstehen kann.

Die Verantwortlichkeit des Sprechers liegt in diesem Fall einerseits darin, dass er sich möglichst klar ausdrückt und deutlich spricht und andererseits auch darin, nachzufragen, wie das Gesagte vom Empfänger verstanden wurde. Die Verantwortlichkeit des Empfängers wiederum liegt darin, nicht zu schnell davon auszugehen, das Gesagte verstanden zu haben: „Es bedarf der Fähigkeit der Unterscheidung zwischen der Aussage des Senders und deren Interpretationen. Für diese ist der Empfänger verantwortlich, denn sie kommen aus seinem Kopf."[70] Wenn beide Seiten diese einfache Regel berücksichtigen, ist das eine Voraussetzung für eine erfolgreiche verbale Führungskommunikation, denn so können im Vorfeld viele Konflikte antizipiert und vermieden werden.

Unter verbaler Führungskommunikation oder auch Führungssprache sollen im Folgenden all jene Äußerungen von Führungskräften verstanden werden, die mit der Stimme und Sprachproduktion der Sprechenden einhergehen und sich den internen und externen Empfängern akustisch mitteilen. Hierzu wird das gesprochene Wort ebenso gezählt wie z.B. den Tonfall und die Stimme. Sprache ist ein zentrales Mittel in der Unternehmensführung. Auch wenn der Begriff „Führungssprache" bei vielen negativ konnotiert ist, da diese – fälschlicherweise - Manipulation damit verbinden, ist Sprache „der kostbarste Rohstoff des Kommunikationsprozesses Führung."[71] Gertrud Höhler hat bereits vor über zehn Jahren kritisiert, dass es aber genau dieser Rohstoff ist, der den Managern in seiner Leistung und Funktion unbekannt ist: „Er wird täglich und stündlich gedankenlos verschwendet, fehlgenutzt und ausgenutzt, abgedrängt und nivelliert, weil seine Nutzer die schlummernde Explosivkraft des Rohstoffes „Sprache" nicht kennen. Alle möglichen Anschlussfragen, was „subsprachlich", „metasprachlich" und „vorsprachlich" abläuft, werden wichtiger genommen als die Frage Nummer eins: Wie wir miteinander sprechen, um unsere Kooperation erfolgreich zu machen."[72]

In Zeiten, in denen Kommunikation von Unternehmen zu einem Großteil schriftlich und via E-Mail realisiert wird, darf dennoch der Stellenwert der mündlichen Kommunikation und der persönlichen Gespräche nicht vergessen werden: „Dass Menschen sprechen, weist auf ihr starkes soziales Bedürfnis nach Nähe und Kooperation hin. Kooperation wird noch wirksamer geordnet, Komplexität noch gründlicher reduziert, Vertrauen noch dauerhafter gestützt durch Sprache. Wer die Macht der Sprache kennt, hat das geschliffenste Führungsinstrument erkannt; wer überdies mit Sprache so umgeht, dass sie zu seinem Handeln passt, ist - Vorbild."[73]

Die Führungssprache kann viele Kommunikationswege gehen. Claudia Mast geht in ihrem Werk „Unternehmenskommunikation" dezidiert auf diverse Beispiele ein, u.a. Vorträge, Seminare, organisierte Essen oder auch das sogenannte Management by walking around, also die unmittelbaren Kontakte zu den Mitarbeitern. Zu den informellen Mitarbeitergesprächen schreibt sie beispielsweise, dass es wichtig sei, möglichst viele direkte Kontakte zu den Mitarbeitern zu suchen „Gelegenheiten gibt es mehr, als man wahrnehmen kann. [...] Als Stärken sind zu nennen, dass informelle Gespräche ein leistungsfähiges Instrument zur Vermittlung von wichtigen Informationen „nach oben" sind und der unmittelbare Kontakt des Chefs zu den Mitarbeitern einen direkten Eindruck dessen vermittelt, „was läuft". Das Walking Around gibt den Mitarbeitern ein hohes Gefühl der Beachtung und macht jenseits jeglicher Strategie und Planung auf Neues und Ungewöhnliches aufmerksam."[74] Der Nutzen dieser Kommunikationsmaßnahme hängt dabei von den Kommunikationsfähigkeiten der Führungskraft ab.

Den Kommunikationsfähigkeiten von Führungskräften sollte besondere Beachtung geschenkt werden. Führungspersonen, die im Rampenlicht stehen, werden besonders genau beäugt. Das betrifft ihr ganzes Verhalten in der Öffentlichkeit, d.h., das, was sie tun genauso wie das, was sie sagen. Nicht selten legen die Rezipienten ihrerseits jedes gesprochene Wort auf die sprichwörtliche Goldwaage. Insbesondere in Krisenzeiten, in denen sich Stakeholder klare Ansagen wünschen, existiert per se Aussagen von Managern gegenüber eine besondere Aufmerksamkeit und Skepsis. Der, der in der Öffentlichkeit steht und spricht, sollte bedenken: „Aber die Öffentlichkeit nimmt Sprache wichtig - sie gibt die Beute nicht mehr frei. Sprache verrät, wie wir wirklich denken. Darum ist es besser, das Denken mit einer guten Sprachkultur vorzuordnen."[75]

Es ist sicherlich zu kurz gedacht, der Öffentlichkeit grundsätzlich Wahrnehmungsfehler oder eine getrübte Sichtweise zu unterstellen. Es muss aber darauf hingewiesen werden, dass der, der im Mittelpunkt steht, immer auch eine Projektionsfläche ist: „Alle Lücken, wo wirkliches Wissen fehlt, werden immer noch mit Projektionen ausgefüllt. Wir sind immer noch beinahe sicher dass wir wissen, was andere Leute denken, oder was ihr wahrer Charakter ist. Wir sind überzeugt, dass gewisse Leute alle jene schlechten Eigenschaften haben, die wir in uns selbst nicht finden."[76] Zunächst entlastet ein solches Abwehrverhalten den Projizierenden. Es tut manchmal gut, dem anderen die Schuld in die Schuhe zu schieben und diesen für etwas verantwortlich zu machen, denn ein solches projizierendes Verhalten lenkt von der eigenen Fehlbarkeit ab. Das hat jedoch Folgen für die Fremdwahrnehmung der Führungsperson, nämlich genau dann, wenn eine solche Projektion durch eine öffentliche Diskussion multipliziert wird und die entstehenden Projektionen immer weiter von dem eigentlichen Charakter der Führungsperson abweichen und infolgedessen in der Öffentlichkeit ein verzerrtes Bild entsteht.

Das gilt neben Projektionen auch für Vorurteile. Hat ein Stakeholder eine feste Vorstellung bezüglich einer Führungsperson, so bewirken auch viele rationale Argumente allein wahrscheinlich nichts, um diese zu zerstören. Vorurteile sind auf einer sachlichen Kommunikationsebene deswegen so schwer erreichbar, weil sie tief in der Persönlichkeit der vorverurteilenden Person verankert sind. Vorurteile können uns einerseits Schutz bieten, weil durch Vorurteile unerwünschte Emotionen abgeblockt werden können. Andererseits können Vorurteile - ebenso wie Projektionen - großen Schaden anrichten für die Person, die vorverurteilt wird, nämlich dann, wenn die Vorurteile erstens unberechtigt sind, zweitens so stark sind, dass ganz gleich, was eine Person auch sagt und tut, die Vorurteile über sie nicht zerstört werden können und sich drittens die Vorurteile durch eine entsprechende Diskussion verbreiten.

All das kann die Glaubwürdigkeit einer Person beeinträchtigen, auch wenn die Projektionen undVorurteile haltlos sein mögen. Dabei handelt es sich sozusagen um das „Berufsrisiko" der Führungsperson, dass sie Zielscheibe von Vorurteilen und Projektionen ist und weiterhin über sie oft auch falsch geredet wird. Die Möglichkeiten, dieses Berufsrisiko einzugrenzen, sind nicht zahlreich, aber es gibt sie. Der beste Weg, was die verbale Kommunikation betrifft, ist, dass das, was gesagt wird, unbedingt der Wahrheit entsprechen muss. Verbale Aussagen sollten sich stets auf Tatsachen gründen. Die Führungsperson hat im Vorfeld dafür zu sorgen, dass das, was sie äußert, überprüfbar und nachweisbar ist. So ist ein Grundgerüst für Vertrauen und Glaubwürdigkeit geschaffen.

Ferner ist es wichtig, bei der Rezipientenansprache darauf zu achten, dass man - je nachdem zu welcher Gruppe von Stakeholdern die Zuhörer gehören- nicht krampfhaft an seinem Managementjargon oder gar einer Konzeptsprache festhält. Diese mag intern verstanden werden, extern womöglich nicht: „Nur eine individuelle

Sprache wirkt authentisch und verleiht der Botschaft Glaubwürdigkeit. Der CEO muss Begriffe, Bilder und Botschaften finden, die für ihn und seine Ara stehen. Diese Botschaften müssen Bedeutung vermitteln, sie müssen interpretieren und erklären. Der CEO ist die Person, die dem Unternehmen Bedeutung gibt. Seine Kommunikation muss deshalb die Bedeutungs- und Erwartungsebene mit ansprechen. Hier beginnt die eigentliche inhaltliche und erzählerische Arbeit.“[77]

Darüber hinaus gibt es kommunikative und soziale Regeln, die in der Sprachverwendung berücksichtigt werden sollten. Kommunikationsregeln sind solche Regeln, die über die rein syntaktischen Regeln hinausgehen, deren zusätzliche Befolgung aber a) Notwendige Bedingung für die Verständlichkeit von Äußerungen und b) für eine grundlegende Ordnung und Organisation von kommunikativer Interaktion ist. Hinsichtlich der Verbesserung der Verständlichkeit von Äußerungen ist das Konzept des sogenannten „Recipient Designs“ hilfreich. Mit Recipient Design wird die Art, eine Mitteilung im Hinblick auf die spezifischen Eigenheiten des Empfängers zu gestalten, bezeichnet.[78] Dies betrifft die Wahl sprachlicher Mittel, den Inhalt und die Anordnung/Reihenfolge. Beim Recipient Design werden Aufbau- und Strukturregeln für Erzählungen, Argumentationen, Überreden und Überzeugen etc. unterschieden. Das Ziel des Recipient Designs liegt in der möglichst optimalen Verständigung. Für Sacks ist die Hauptmaxime von Gesprächen, nämlich, dass Sprecher ihre Rede für die Adressaten gestalten: „Speakers should design their talk for recipients.“[79] Die Funktion des Recipient Design besteht darin, dass die Gesprächsteilnehmer erkennen können, auf wen sich der Sprecher in seiner Rede bezieht. Innerhalb eines Gesprächs kann der Sprecher Recipient Design aber für mehr Zwecke als diesen grundlegenden einsetzen.

Was die grundlegende Ordnung und Organisation von verbaler Kommunikation betrifft, gilt es z.B. Regeln des Sprecherwechsels oder auch Regeln für die gemeinsame Etablierung und Durchführung bestimmter Kommunikationsformen zu beachten. Beispiele hiefir sind z.B. das Interview, der Small Talk oder auch der Streit. Der Rahmen, in dem man kommuniziert, bestimmt wesentlich den Inhalt, d.h., im Unternehmen wird anders kommuniziert und es werden andere Themen angesprochen als beispielsweise in einem TV-Interview. Inhalte sind stets rahmenspezifisch zu kommunizieren.

Als dritten Punkt bezüglich der Verständlichkeit und Geordnetheit von Äußerungen können auch noch die sogenannten Konversationsregeln/-maximen erwähnt werden, welche die Quantität, die Qualität, die Relation und die Form betreffen. Konkret heißt das, was die Quantität anbelangt, dass das Gesagte informativ sein soll, was die Qualität betrifft, muss es wahr sein, was die Relation anbelangt, soll es relevant sein und was die Form betrifft klar und deutlich. Das klingt zwar möglicherweise banal, wird aber im Alltag oft missachtet.

Aber nicht nur kommunikative, sondern auch soziale Regeln sind in der verbalen Führungskommunikation zu berücksichtigen. Darunter werden gruppen- und/oder gesellschaftsspezifische Regeln gefasst, die keiner kommunikativen Notwendigkeit dafür aber den sozialen Erfordernissen entsprechen und die dementsprechend in Kommunikationsprozessen auch Berücksichtigung finden sollten. Soziale Regeln erwachsen aus sozialen Beziehungen und Verhältnissen. Dazu zählen z.B. Regeln, die definieren, welche Personen zu welchem Zeitpunkt anderen Personen gegenüber das Wort ergreifen dürfen, bzw. wer wann wo wem gegenüber zu schweigen hat. Ferner bestimmen soziale Regeln, wie man andere Personen anredet, begrüßt oder verabschiedet und auch z.B. welchem Kommunikationspartner man kommunikative Freiheiten oder auch Machtausübung und Dominanz in der Gesprächsführung zugestehen muss.

Wir befinden uns ständig im Dialog mit anderen, ob im Alltag oder im Berufsleben. Sprache hat einen zentralen Stellenwert in unserem Alltag, wie auch in unserem Beruf. Der gesprochenen Sprache kommt dabei eine besondere Bedeutung zu: „Wie wichtig das gesprochene Wort allgemein genommen wird, zeig sich an dem geflügelten Wort, das den „Ruf" eines Menschen ernster nimmt als seine sichtbaren Taten: Er kann tun, was er will, sein Ruf ist mächtiger als seine Taten. Das, was die andern von ihm meinen und sagen, nimmt ihm die Chance, durch Tun zu überzeugen. Sprache, auch das müssen Führende wissen, gibt uns die unschätzbare Möglichkeit, Erfahrung zu simulieren und nur antizipieren, sie samt katastrophaler Fehlerfolgen vorwegzunehmen, um ihr in der Realität zu entkommen. Sprache reduziert also auch Gefahren."[80] Allein die Tatsache, als Führungskraft in einem Unternehmen tätig zu sein, sagt jedoch noch nichts über die individuellen sprachlichen und kommunikativen Fähigkeiten aus, die jemand hat, ganz gleich wie viel er kommuniziert. Wer jedoch die oben ausgeführten Regeln beherzigt und trainiert, optimiert auf Dauer seine Gesprächsführung.

Neben den ausgeführten intellektuellen Fähigkeiten, wie z.B. der Beachtung der kommunikativen und sozialen Regeln und der Konversationsregeln, sind für eine effektive verbale Führungskommunikation auch emotionale Fähigkeiten notwendig. Die Voraussetzung dafür ist die grundsätzliche Bereitschaft, sich auf seine Kommunikationspartner einzulassen und sich in sie hineinzuversetzen. Man muss nicht nur zielgerichtete Fragen stellen und zuhören können, um die Ansprüche und Erwartungen der Kommunikationspartner besser kennen- und einschätzen zu lernen. Zuhören können ist nur eine von den Fähigkeiten, die man lernen und mit verschiedenen Techniken trainieren kann (siehe spätere Ausführungen). Vielmehr bedarf es neben den erlernbaren Fähigkeiten auch noch der emotionalen Anteilnahme an der Person des Gesprächspartners. Einfühlungsvermögen ist die Grundbedingung für Anteilnahme: „Es braucht die Bereitschaft, mit Anderen ganzheitlich in Kommunikation treten zu wollen. Zwar lassen sich spezielle Aspekte der kommunikativen Kompetenz trainieren, z.B. Feedback geben, das Gehörte mit eigenen Worten wiedergeben, aktives Zuhören und anderes, die emotionale Beteiligung ist jedoch unverzichtbar. Diese Techniken ohne Einfühlungsvermögen eingesetzt, verkommen zu leeren Worthülsen."[81]

Bei der Stimme, der Intonation (Satzmelodie), der Artikulation (Deutlichkeit der Aussprache) und der Modulation (Lautstärke) handelt es sich um paralinguistische Phänomene, d.h. solche, die das eigentliche Sprechen begleiten. Alle Elemente zusammengenommen, zuzüglich der Sprache, haben einen Einfluss auf die Wirkung des Gesprochenen beim Rezipienten. Während die Stimme von physischen Voraussetzungen bestimmt wird, sind Intonation, Artikulation und Modulation Elemente, die man als Sprechender bewusst trainieren und gezielt einsetzen kann.

Die Stimme wird einerseits wesentlich durch das Geschlecht und Alter der sprechenden Person beeinflusst, also Faktoren, die der Sprecher selbst nicht ändern kann, als auch durch die persönliche Konstitution und die Stimmung zum Zeitpunkt des Sprechens. Spricht eine Person unter Erfolgsdruck und ist besonders nervös, so kann man dies auch ihrer Stimme entnehmen. Stimme beeinflusst Überzeugungskraft und Sympathie. In vielen Situationen, insbesondere in solchen, in denen Redner vor großen Gruppen sprechen müssen und die Stimme zittrig wird, sieht man als Zuhörer dem Sprecher so etwas eher nach, wenn das Thema für einen selbst keine persönliche Relevanz hat. Beispiele dafür sind z.B. eine Lesung oder ein Vortrag, der in erster Linie unterhaltenden Wert haben soll. Stellt man sich dagegen z.B. eine Führungskraft vor, die in einer wirtschaftlichen Krisensituation über den Erhalt von Arbeitsplätzen referiert, wirkt ein Redner mit einer unsicheren, müden oder nuschelnden Stimme kontraproduktiv, d.h., einem solchen Redner „kauft" man die Nachricht u.U. nicht ab. Die Stimme ist aber nicht nur mitverantwortlich für die Überzeugungskraft eines Sprechers, sondern auch ein wesentlicher Sympathiefaktor. Der Erfolg eines Redners hängt auch davon ab, wie er auf sein Publikum wirkt, ob dieses den Redner nicht nur überzeugend, sondern auch sympathisch findet: „Tatsächlich klingt gar nicht so sehr was wir sagen im Ohr, sondern wie wir es sagen. Die Wirkung einer Botschaft hängt nur zu sieben Prozent vom Inhalt ab, 38 Prozent machen Stimme, Tonfall, Betonung und Artikulation aus und 55 Prozent Gestik und Mimik, so der amerikanische Psychologe Albert Mehrabian. Seine Zahlen sind wissenschaftlich zwar nicht unumstritten, weil er für seinen Versuch nur knapp 20 Probanden hatte. Unbestritten aber ist die Dominanz der Stimme vor dem Inhalt."[82]

Grundsätzlich treffen Menschen mit tiefer Stimme auf mehr Sympathie bei ihren Zuhörern als solche mit hellen, gar piepsigen Stimmen. Menschen mit tiefer Stimme wird ferner mehr Kompetenz und Sachlichkeit zugetraut. Was die Glaubwürdigkeit des Redners anbelangt, entscheidet jedoch nicht nur die Stimme allein: „Das Schema - dunkle Stimme, tiefer Sinn - hat allerdings einen Haken: Es stimmt so nicht. Entscheidend ist vielmehr die individuelle, so genannte Indifferenzlage, also der Grundton jeder einzelnen Stimme. Nur wer regelmäßig um diesen Ton herumredet, wird von seinen Zuhörern als authentisch, überzeugend und selbstbewusst wahrgenommen."[83] Dennoch achte man einmal auf die Stimmlage von Nachrichtensprechern im Fernsehen. Stimme und Sprechtempo Über das o.A. hinaus ist die Stimme im Zusammenhang mit dem persönlichen Sprechtempo auch ein Kommunikationsmittel, mit dem man seinen Gesprächspartnern Aufmerksamkeit und Einfühlung signalisieren kann: "Wenn wir anderen zuhören, kann es passieren, dass wir ihren Tonfall nachahmen oder übernehmen. Durch die Stimme vermitteln wir zum Beispiel Herzlichkeit, Interesse oder Autorität."[84]

Die Sprache und die Stimme eines Kommunikators bilden eine Brücke zum Gesprächspartner. Leider entwickeln die wenigsten Manager ihr sprachliches und stimmliches Potenzial. Dabei ist das Sprechen keine angeborene, sondern eine erlernte und damit trainierbare Fähigkeit. Manager sind darauf angewiesen, mit Worten zu überzeugen. Eine starke Stimme schafft Sympathie und Offenheit und vermittelt Glaubwürdigkeit. Eine klare und verständliche Sprache ist die Basis für jede Form der Selbstpräsentation.

Gerade in wirtschaftlich problematischen oder unüberschaubaren Zeiten wächst der Wunsch nach Leadership, denn erfolgreiche Unternehmensführung kann Komplexität reduzieren. Desorientierung in Unternehmen führt meistens zu Unruhe. Die Reduktion von Komplexität hingegen signalisiert Verlässlichkeit, Glaubwürdigkeit und Integrität. Diese drei Elemente sind Voraussetzungen für die Identifikation der Stakeholder mit dem Unternehmen. Ferner sind für die Stakeholder verständliche Erklärungen essentiell, denn diese stellen einen Kontext mit ihrem Geschäfts- und Lebensalltag her: „Sie wollen nicht nur Visionen und Präsentationen von Geschäftsmodellen, sondern Lesehilfen, Aussagen über die Bedeutung von unternehmerischen Entscheidungen, also Kontext. Der muss thematisiert werden, wenn breite Akzeptanz und noch höheres Engagement gefordert sind."[85]

Vor diesem Hintergrund fungiert das Storytelling auch als „Management von Ungewissheit"[86]: „Geschichten als narrative Handlungssequenzen ordnen die in der Wirklichkeit aufgenommenen Daten in bestimmter Weise nach einer Logik des Erzählens. Damit lässt sich die Zukunft nicht vorhersagen. Allerdings entsteht dadurch ein Sinnzusammenhang, der in seiner narrativen Logik die Wahl einer bestimmte Handlungsfolge und ihrer Ursachen-Wirkungs-Beziehungen praktisch anrät. Die damit erzählte Geschichte kann als verlässlicher Leitfaden zum Erfolg strategischer Managemententscheidungen beitragen."[87] Die Führungskraft wird also zum Storyteller, zum Erklärer von Erzählstücken. Die Voraussetzung dafür ist, dass er aktiv kommuniziert. Dafür muss er sich nicht nur mit den Inhalten, sondern auch mit seiner Sprache und Stimme und deren Wirkung auf die Zuhörer auseinandersetzen, denn nicht nur die Sprache, sondern auch die Stimme ist eine Ressource, die man trainieren kann.

Die Intonation eines Sprechers bezieht sich auf den Tonhöhenverlauf, also die Satzmelodie, wenn jemand spricht. In der Regel fangen Sprecher mit einer niedrigen Tonhöhe an, steigern sich dann und fallen zum Ende eines Satzes wieder ab. 'Wenn ein Sprecher seine Stimme nicht senkt, signalisiert er damit automatisch, dass er noch etwas sagen möchte. Wenngleich das von den Zuhörern in der Regel nur unbewusst wahrgenommen wird, reagieren sie dennoch darauf, indem sie abwarten, ob noch etwas folgt. Dieses Abwarten wird von einigen Rednern strategisch genutzt: „Um ihren Gesprächsanteil zu erhöhen, senken manche Sprechende die Tonhöhe am Ende einer Aussage gar nicht oder nur sehr gering ab und schließen daran ohne Pause bereits den nächsten Satz an; erst während des nächsten Satzes machen sie zwischendrin eine Pause, lassen dabei jedoch die Stimme oben."[88] Der souveräne Sprecher zeichnet sich dadurch aus, dass er mit fester (hier verstanden als mit souveräner, sympathischer, wohlklingender) Stimme spricht, als auch dadurch, dass seine Satzmelodie ausgewogen ist. Ebenso wie die Stimme kann auch die Intonation eines Sprechers für Sympathie bei den Zuhörern sorgen: „Das hängt mit dem so genannten psychorespiratorischen Effekt zusammen: Wir imitieren, wenn wir zuhören. Der Redner, der nervös am Pult radebrecht, verursacht auch bei seinen Zuhörern Atemkrämpfe. Genauso spürt man ein herannahendes Räuspern oder nimmt es vorweg, wenn das Knarren des Redners unerträglich wird."[89]

Die Artikulation des Sprechers meint seine Deutlichkeit der Aussprache. Diese kann durch Dialekte und Akzente gefärbt sein. Oft ist es jedoch auch schlicht Nachlässigkeit oder auch Müdigkeit des Sprechers, die ausschlaggebend dafür ist, ob und wie deutlich jemand spricht. Gerade Führungskräfte, die ständig mit ihren Stakeholdern in Kontakt stehen, sollten auf eine deutliche Aussprache achten. Insbesondere Journalisten können nach Stellungnahmen, die undeutlich ausfallen, in der Berichterstattung darauf entsprechend reagieren. Ein nachlässiges, undeutliches Interview kann sehr kontraproduktiv für den Interviewten sein, wenn es darum geht, nicht nur souverän, sondern auch sympathisch zu wirken. Es liegt auf der Hand: Der, der verstanden werden will, muss verständlich, d.h. deutlich sprechen.

Unter Modulation verstehen wir sowohl das Auf und Ab der Lautstärke als auch des Sprechtempos eines Sprechers. Das Verhältnis von laut und leise In der Regel sprechen Menschen genau dann leise, wenn sie unter Erfolgsoder Leistungsdruck stehen. Wer Angst hat, die an ihn gestellten Erwartungen nicht zu erfüllen und nervös ist, senkt die Stimme. Das wird auch vom Publikum registriert. Wer Angst hat, nicht verstanden zu werden - nicht nur auf seine Sprech-Lautstärke bezogen, sondern auch auf den Inhalt dessen, was er sagt - spricht lauter.

Sowohl zu schnelles als auch langsames, leises als auch zu lautes Sprechen sind in der Führungskommunikation zu vermeiden, da es nicht höreradäquat ist. Nicht die Eigenwahrnehmung sollte das ausschlaggebende Kriterium für Lautstärke und Sprechtempo sein: Redner, die zu schnell sprechen und dennoch erstanden werden wollen, werden nicht verstanden. Redner, die zu laut sprechen, weil sie Angst haben, sonst nicht verstanden zu werden, müssen damit rechnen, dass sie das genaue Gegenteil dessen, was sie anstreben, erreichen. Wer sein Sprechtempo nicht seinen Zuhörern und dem Anlass der Rede oder Ansprache anpasst, riskiert, dass er sein Publikum verliert, weil es ihm nicht folgen kann.

3.2.2 Nonverbale Kommunikationsfähigkeiten

Die Körpersprache ist das nonverbale Element der Kommunikation. Zu ihr gehören u.a. die Gestik, die Mimik und die Körperhaltung. Über diese drei Teilbereiche könnte man je eine einzelne umfassende wissenschaftliche Abhandlung verfassen. Das ist hier jedoch nicht nicht das Anliegen. In diesem Abschnitt soll auf die drei Elemente Gestik, Mimik und Körperhaltung im Hinblick auf ihren Einfluss auf die Führungskommunikation näher eingegangen werden.

Körpersprache hat sowohl eine kommunikative als auch eine soziale Komponente. Sie reguliert das menschliche Verhalten und determiniert und erhält die existierende soziale Ordnung innerhalb einer Gemeinschaft. Körpersprache muss im sozialen und kulturellen Kontext betrachtet werden. Dabei spielen kulturelle Unterschiede eine große Rolle. Alles, was körpersprachlich innerhalb eines bestimmten kulturellen Umfeldes eine bestimmte Bedeutung hat, muss dies noch lange nicht in einem anderen kulturellen Kontext haben. Das heißt, dass Bedeutungen, die wir nonverbalen Elementen verleihen, kulturell nicht übertragbar sind. Stattdessen gewinnen Gestik, Mimik und Körperhaltung ihre besondere Bedeutung immer in dem situativen Rahmen, in dem sie auftreten. Dabei spielen der Sender, der Empfänger und der soziale Kontext eine entscheidende Rolle. Eine einzelne nonverbale Äußerung an sich hat also wenig Aussagekraft, sondern die einzelne Geste, eine bestimmte Mimik oder die spezifische Körperhaltung gewinnen ihre Aussagekraft erst dadurch, dass man sie innerhalb des sozialen und kulturellen Kontextes betrachtet, in dem sie auftreten. Bärbel Schwertfeger und Norbert Lewandowski haben bereits 1990 ein Buch publiziert, das die „Körpersprache der Bosse" thematisiert. Hier thematisieren sie u.a. den weit verbreiteten Glauben, dass man anhand bestimmter körpersprachlicher Signale seine Kommunikationspartner quasi durchschauen kann und gehen auch auf Literatur ein, in der nonverbalen Äußerungen ganz konkrete Bedeutungen zugeschrieben wird: „Wer seine Arme verschränkt, gilt als verschlossen, wer sich an der Nase reibt, hegt Zweifel, und wer seine Beine beim Sitzen übereinander schlägt, ist verspannt."[90] Diese Interpretationen sind eindimensional und irreführend, denn die Zusammenhänge zwischen den körpersprachlichen Äußerungen und dem Kontext, in dem diese auftreten, der Relation zwischen den Kommunikationspartnern, den gesprochenen Worten werden nicht thematisiert. Körpersprache ist ein sehr komplexes Kommunikationsinstrument. Dementsprechend vielfältig ist auch ihre Verwendung. Unsere Körpersprache kann unseren Kommunikationspartnern fast alles signalisieren, z.B. Wut, Freude, Traurigkeit - und für den Bereich der Führungskommunikation sehr relevant - auch Gefühle wie Unsicherheit, Nervosität, Unehrlichkeit und anderes mehr.

Dennoch lassen sich körpersprachliche Äußerungen nie eindeutig interpretieren. Nicht jede Führungskraft, die mit den Händen fuchtelt, ist auch aufgebracht, nicht jeder CEO, dessen Augen blinzeln, auch nervös. Bei bestimmten körpersprachlichen Regungen handelt es sich um charakterspezifische Angewohnheiten. Es wäre dementsprechend falsch, grundsätzlich von einer bestimmten nonverbalen Äußerung auf einen bestimmten Gefühlszustand zu schließen. Wir alle kennen das Gefühl, dass jemand Herzlichkeit nur vortäuscht oder Überraschung lediglich spielt. Körpersprache kann ein Ausdruck von Gefühlen sein, muss aber nicht. Interpretationen von Körpersprache, dass z.B. ein Kratzen am Ohr ein Zeichen für Unsicherheit ist, können stimmen, müssen aber nicht. Wie bereits oben ausgeführt, braucht es für die Interpretation immer auch die Kenntnis der Person, der Beziehung zwischen den Kommunikationspartnern und des sozialen Kontextes

Körpersprache hat viele Funktionen. Wirkungsvoll ist sie nur dann, wenn sie das, was jemand verbal von sich gibt, unterstützt und verdeutlicht. Sowohl eine über- als auch eine untertriebene Körpersprache können die Wirkung dessen, was jemand sagt, beeinträchtigen. Darüber hinaus müssen Gesten immer zu der Person passen, die sie tätigt. Die Mimik muss der Person entsprechen, die sie äußert. Genauso verhält es sich mit der Körperhaltung. Die Übereinstimmung zwischen Verbalem und Nonverbalem ist ausschlaggebend für die Überzeugung.

Ganz wesentlich ist das Zusammenspiel von Verbalem und Nonverbalem. Sprache ist das relevante Kommunikationsmittel, das jedoch von der Unterstützung durch die Körpersprache abhängig ist. Es sind die körpersprachlichen Elemente, die z.B. bestimmen, ob zwei Personen miteinander ins Gespräch kommen. Das kann die Hinwendung zu einer Person sein und der Blickkontakt. Und während des sich entwickelnden Gesprächs sind es nicht nur die gesprochenen-Worte, die dem, der gerade zuhört, signalisieren, ob man aufmerksam ist und dem Gesagten mit Interesse lauscht. Vielmehr handelt es sich um ein Wechselspiel zwischen Sprecher und Hörer, in dem die Körpersprache den Kommunikationspartnern diese Informationen liefert: „Während der gesamten Begegnung signalisiert ein Gesprächspartner dem anderen durch verschiedene körpersprachliche Signale wie Augenbewegungen, Kopfnicken oder unterstützende Gesten, dass er - mehr oder weniger - aufmerksam ist und auf die Äußerungen des Partners reagiert. Auch der Gesprächsverlauf - der ständige Wechsel von Zuhören und Sprechen - wird durch nichtverbale Zeichen geregelt. So zeigen beispielsweise ein kurzes Kopfnicken oder ein Blickwechsel an, dass nun der andere das Wort hat."[91]

Sprache ist ein komplexes Kommunikationsmittel. Mit Worten kann man sowohl die Unwahrheit sagen als auch andere manipulieren. Mit Körpersprache ist dies schwieriger, da wir nie aufhören, uns zu verhalten, d.h. dass unser Körper unablässig Signale abgibt. Das ist so lange ungefährlich, wie man nicht im Mittelpunkt der Beobachtung steht. Wie aber bereits an anderer Stelle erwähnt, werden gerade Führungskräfte, die in der Öffentlichkeit stehen, nicht nur sehr häufig und aus vielen unterschiedlichen Stakeholder-Perspektiven heraus, sondern auch sehr genau beobachtet. Hier besteht - im Gegensatz zur gesprochenen Sprache - eine andere Situation, die einer besonderen Aufmerksamkeit bedarf. Während der Akt der verbalen Kommunikation ein Senden und Empfangen von Botschaften ist und man in der Regel nacheinander auf das Gesprochene und Gehörte reagiert, verhält es sich bei der Körpersprache so, dass man diese sofort wahrnimmt, interpretiert und reagiert. Dementsprechend unterscheidet sich auch die Interpretation des Gesprochenen von der des nonverbal Geäußerten. Das liegt daran, dass die Bedeutung der sprachlichen Zeichen anders festgelegt ist als die der nonverbalen Äußerungen. Wenn Menschen sprechen, bedienen sie sich Zeichen aus einem definierten Zeichenvorrat, d.h. dem Alphabet und dem Wortschatz. Wird etwas sprachlich dargestellt, erfolgt das über eine Zeichenfolge: „Die Bedeutung der Zeichen ist eindeutig und - scheinbar - präzise festgelegt. Das funktioniert jedoch nur bei ganz konkreten Dingen, abstraktere Begriffe lassen sich dagegen viel schwerer definieren und festlegen. Der Nachteil der Sprache ist also, dass sie mit eindeutigen Begriffen arbeitet, die zwar jeder versteht, die aber für jeden eine andere Bedeutung haben können. Das Gegenstück dazu bildet die Körpersprache. Körpersprachliche Signale sind bildhaft und unmittelbar repräsentativ, das heißt sie haben einen direkten Bezug zur Bedeutung. Sie haben häufig keine Regeln und Strukturen und unterliegen daher häufiger der Interpretation."[92]

Es gibt weitere Untersuchungsergebnisse, z.B. zur sogenannten „Kanaldiskrepanz", die aussagen, dass die nonverbale Botschaft der verbalen Botschaft übergeordnet ist. Ein Beispiel hierzu ist, dass ein Sprecher zwei widersprüchliche Botschaften abgibt und mit Worten etwas anderes sagt, als er mittels seiner Körpersprache signalisiert. Solche Situationen können u.a. dann auftreten, wenn es einem Sprecher in einer bestimmten Situation - z.B. aufgrund von sozialen Zwängen oder Normen - versagt ist, seine ehrliche Meinung zu äußern. Mittels seiner Körpersprache kann er dann versuchen seine tatsächliche Einstellung zu demonstrieren und zwar - aufgrund der fehlenden Eindeutigkeit der nonverbalen Signale - ohne dafür zur Rechenschaft gezogen werden zu können.[93] Die Autoren formulieren in dem Zusammenhang auch, dass den nonverbalen Signalen mehr Aufmerksamkeit geschenkt würde und diese als glaubwürdiger als die verbale Aussage betrachtet werden würde. Als Beispiel hierfür könnte man sich Teilnehmer einer Pressekonferenz vorstellen, die dem Vorgetragenen angeblich aufmerksam lauschen, aber sich untereinander nonverbal durch entsprechende Gesten oder eine entsprechende Mimik signalisieren, dass sie das, was sie hören, wenig wertschätzen.

Führungskräfte, die überzeugend wirken wollen, müssen nicht nur auf eine entsprechende verbale Kommunikation achten. Die Körpersprache ist für einen wirkungsvollen Auftritt mindestens ebenso wichtig: „Bei jeder Kommunikation sind Inhalt und Beziehung - Sprache und Körpersprache – miteinander verknüpft, und von der Art der Verknüpfung hängt es ab, wie, gut die Kommunikation ist."[94] Vor allen Dingen sollte man stets bedenken, dass Menschen den berühmten ersten Eindruck meistens durch das Auftreten einer Person gewinnen, und in zweiter Linie, durch das, was sie sagt. Diesen ersten Eindruck möglichst wirkungsvoll zu gestalten, ist ein Ziel bei der Optimierung der Führungskommunikation.

Über die gesprochene Sprache hinaus, sagt die Gestik etwas über den Kommunizierenden selbst aus, seine Beziehung zum Kommunikationspartner und den sozialen und kulturellen Rahmen, in dem sich diese bewegen. Die Gestik ist ein Element der Sprache und gehört zu den ältesten Formen der Kommunikation. Die Gestik vermittelt dem Kommunikationspartner über das Verbale hinaus ein optisches Signal. Einige Autoren gehen davon aus, dass Gesten „sichtbar gewordene Gefühle"[95] sind. Und in der Tat: Gesten „sagen" oft mehr als der Kommunizierende es mit Worten vermag. Sie können, wenn sie quasi automatisch passieren, verbale Formulierungen verdeutlichen: „Die Hand reagiert oft schneller (und ungefilterter) auf Impulse des Gehirns als das Sprachorgan. Ganz spontan offenbaren unsere Hände Empfindungen wie Abwehr, Angriff Entschlossenheit, Ängstlichkeit, Hilflosigkeit, Aggressivität."[96]

Gesten können aber auch in deutlichem Gegensatz zu dem stehen, was man in dem Moment fühlt oder sagt. Das heißt, dass sie nicht notwendigerweise ein Spiegelbild des Gefühlszustandes sein müssen. Das betrifft u.a. die sogenannten Grundgesten, wie z.B. das Händeschütteln zur Begrüßung oder Verabschiedung oder auch das Klatschen als Zeichen des Beifalls. Solche Gesten sind nicht an die verbalen Aussagen gebunden. Ferner können Gesten genau dann kontraproduktiv sein und kein Ausdruck der Gefühle des Kommunizierenden, wenn sich Personen entscheiden, an ihrer Gestik zu arbeiten und sich bestimmte Handbewegungen regelrecht antrainieren. Einstudierte Gesten, die nicht dem entsprechen, was der Kommunizierende wirklich fühlt, können das gesprochene Wort auch konterkarieren: „Hüten Sie sich davor, sich bestimmte Gesten anzutrainieren. Dies ist nicht überzeugend, da es nicht natürlich wirkt. Überzeugendes Sprechen hat nichts mit Schauspielerei zu tun.“[97]

Im Idealfall unterstreichen Gesten das, was ein Sprecher verbal äußert, runden das Gesprochene ab und bewirken beim Kommunikationspartner das, was man als Sprecher intendiert hat. Dessen kann man sich aber nie sicher sein, denn es gibt viele Möglichkeiten Gesten miss zu verstehen. So kann man z.B. nicht darauf vertrauen, dass es tatsächlich so etwas gäbe wie ein Lehrbuch der Körpersprache, in dem wir nachlesen könnten, welche Geste welche Bedeutung hat, auch wenn es zahlreiche Bücher gibt, deren Autoren diesen Anspruch vertreten. Die Bedeutung einer Geste leitet sich nicht nur aus dieser selbst ab. Gesten treten stets in einem sozialen Kontext auf und müssen, um richtig verstanden zu werden, auch in diesem interpretiert werden. Wenn die Gestik und die verbale Kommunikation harmonieren, sozusagen Hand in gehen und das eine zum anderen passt, verleiht dies dem Kommunizierenden Glaubwürdigkeit und Authentizität. Übertriebene Gesten sollten vermieden werden, da sie bei den Kommunikationspartnern leicht den Eindruck erwecken können, dass hier jemand versucht, anderen etwas vorzumachen. Vielmehr geht es darum, dass man die Gestik (ebenso wie die Mimik und die anderen Elemente der nonverbalen Kommunikation) auf den eigenen Typ abstimmt. Nur so kann es gelingen, die eigene Rolle zu definieren, was unablässig ist, um als Führungsperson erfolgreich zu sein: „Eine spezifische und eindeutige Rollendefinition ist ein wichtiges Mittel, um sich in der von Informationen überfluteten Mediengesellschaft Gehör zu verschaffen. [..] eine Managerrolle im engeren Sinne: ein Managertypus, dem der Vorstand in den Augen der internen und externen Öffentlichkeit entsprechen möchte. Wofür will er stehen im Unternehmen, in der Branche, im Markt? [...] Eine solche Rollendefinition verschafft ein eigenes Profil und hilft dem CEO, sich von anderen Personen in seinem Umfeld abzuheben. [...] Rolle meint: Auftreten, Symbolik, Gestik, Sprache und Mimik müssen unverwechselbar sein ein eigenes Profil zeigen, die Arbeit muss eine eigene Handschrift erkennen lassen."[98]

Zu berücksichtigen ist auch die Symbolkraft und deren Hervorhebung durch die Medienberichterstattung. Sie kann das Bild einer Führungskraft nachhaltig negativ prägen, sodass die Person, über die berichtet wird, gar keine andere Wahl hat, als sich damit abzufinden, dass sie bspw. als Unsympath dargestellt und wahrgenommen wird. Gerade Gesten haben eine große Symbolkraft. Es sind der Rezipient und seine individuelle Vorerfahrung mit dem Thema, den abgebildeten Personen und seinen persönlichen Lebensumständen, die darüber entscheiden, wie die Personen mit ihrem spezifischen Gestus wirken.

Das mag zunächst erschreckend wirken und so aussehen, als ob der eigene Einfluss auf die Wahrnehmung gering wäre. Wenngleich man auf die Entscheidung, welches Bild von der eigenen Person in einem Medium abgedruckt wird, wenig Einfluss hat, so hat man doch die Entscheidung darüber, wie man sich selbst in der Öffentlichkeit darstellt und wie man wahrgenommen werden möchte. Und genau hier liegt auch die große Herausforderung und Chance, nämlich die Uniformität und die herrschenden Klischees durch ein sympathisches, möglichst wenig missverständliches Auftreten, Individualität, Authentizität und Glaubwürdigkeit zu sprengen. Auch wenn Gesten - außer den bereits erwähnten Grundgesten - an sprachliche Äußerungen gebunden sind und auch nur im Zusammenhang mit der Person, die die Gesten tätigt und der Situation, in der sie auftreten, interpretiert werden können, gibt es einige grundsätzliche Gesten, die speziell mit Führungskräften und generell mit Macht assoziiert werden. Das Autorenduo Schwertfeger und Lewandowski geht davon aus, dass Menschen, die Macht innehaben, dies auch nonverbal zeigen: „Wer Macht hat, demonstriert dies auch mit seiner Körpersprache und sorgt mit einer Fülle scheinbar unwichtiger Kleinigkeiten dafür, dass seine Position unantastbar bleibt. Körpersprache wird damit zum Spiegelbild der Macht."[99]

Abschließend ist zu erwähnen, dass über den sozialen Kontext hinaus die Gestik auch im interkulturellen und sozialen Kontext betrachtet und adaptiert werden muss. Eine einzige Geste an sich sagt - mit Ausnahme der Grundgesten - nur wenig bis gar nichts aus. Darüber hinaus gewinnen Gesten ihre Bedeutung auch durch das kulturelle Umfeld, in dem sie auftreten. So mag es z.B. in südlichen Ländern durchaus üblich sein, stärker zu gestikulieren als hierzulande: „In Süditalien wird typischerweise mit weit ausschweifenden Gesten gesprochen. Gestikulierte ein deutscher Geschäftsmann im Gespräch mit einem Kunden derart, würde dies als unangemessen, bedrohlich oder affektiert wahrgenommen werden."[100]

Das Gesicht ist der ausdrucksstärkste Teil unseres Körpers. Anhand unserer Mimik können unsere Gesprächspartner auf unsere Stimmung und Gefühle schließen. Das heißt aber nicht, dass die Interpretation des Gesichtsausdrucks tatsächlich mit einem vorhandenen Gefühl korrespondieren muss. Die Mimik kann ein Anhaltspunkt für eine bestimmte Stimmungslage sein, sie muss es aber nicht. Mimik kann man kontrollieren, um Gefühle und Absichten zu verbergen. Menschen können beispielsweise tut und Trauer unterdrücken, indem sie eine starre Mine aufsetzen. Der Begriff „Pokeface" beschreibt dies recht genau: „Pokerface nennt man allgemein diesen leeren Gesichtsausdruck, der eigentlich gar keiner ist, weil er nichts verraten soll. Und es ist tatsächlich wie beim Pokern: Nur nichts preisgeben von der eigenen Stärke oder Schwäche. Die Aggression zählt nur im Überraschungsangriff, im Überrumpeln. Das gilt noch mehr bei hochkarätigen Geschäftsverhandlungen als beim Glücksspiel."[101]

Wie gut einem die Kontrolle des eigenen Gesichtsausdrucks gelingt, hängt von der jeweiligen Person, ihren Fähigkeiten und den Umständen ab. Ferner spielt auch eine Rolle, wie ausgeprägt die Selbstwahrnehmung einer Person und dementsprechend „geübt" sie ist: „Die Mimik sagt unseren Gesprächspartnern so ziemlich alles, was in uns vorgeht. Weil das so ist, wird die Mimik aber auch entsprechend manipuliert. Sie ist, um beim Wissenschaftsjargon der Psychologen zu bleiben, Steuerungsversuchen zugänglich. Mimik ist verräterisch, folglich versuchen wir mit ihr zu tricksen."[102] Vor diesem Hintergrund wird deutlich, dass das Gesicht eines Menschen nicht nur sein zentrales Erkennungsmerkmal ist, sondern dass die Mimik, die jemand besitzt, auch immer ein Teil der persönlichen Selbstdarstellung ist.

Die Selbstdarstellung, die eine Person für sich wählt, richtet sich nach der Situation, in der sie sich bewegt und kommuniziert und danach, wie sie diese Situation wahrnimmt. Unterschiedliche Situationen erfordern unterschiedliche Rituale. Hier kann die Mimik als ein Teil des Rituals an die Situation angepasst werden. Das gilt nicht nur für verschiedene Alltagsrituale, wie z.B. die Begrüßung oder die Verabschiedung einer Person oder auch die Überraschung, die ein Mensch spürt, wenn etwas unvorhergesehenes passiert, sondern insbesondere auch für den Geschäftsalltag von Führungskräften, denn dieser schreibt eine gewisse Mimik geradezu vor: „Gerade von Menschen in höheren Positionen wird erwartet, dass sie auch den passenden Gesichtsausdruck aufsetzen. Sie wollen auch im Gesicht Macht und Dominanz darstellen, und allmählich wachsen diese täglichen Anforderungen an ihre Mimik in ihr Gesicht, als seien ihnen diese Gesichtsausdrücke angeboren."[103]

An Manager wird häufig die Erwartung gestellt, dass sie möglichst wenige Gefühle zeigen. Schwertfeger und Lewandowski gehen davon aus, dass mächtige Personen sehr wenig über ihr Inneres nach außen kehren. Ihr Beruf und ihr Status würden ihnen dies von vorneherein verbieten. Manager könnten es sich nicht erlauben, zu zeigen, was sie wirklich denken und fühlen: „Denn wenn er zeigt, was er denkt oder fühlt, gibt er wiederum den anderen Macht über ihn selbst. Sie können ihn besser einschätzen, ihn in den jeweiligen Situationen taxieren. Das schwächt seine Position."[104] Gemeinhin gelten im Geschäftsalltag emotionale Ausbrüche als Zeichen von Schwäche. Je mehr eine Führungskraft ihre Mimik unter Kontrolle hat, desto unangreifbarer ist sie auch: „Die Kontrolle des Gesichtsausdrucks hängt unmittelbar mit Macht und Status der Person zusammen."[105]

Das lässt sich auch sehr genau an der Medienberichterstattung ablesen. Die Mimik von Führungskräften wird sehr genau beobachtet und kommentiert. Ein plakatives Beispiel von vielen ist dazu ein Bericht aus der WELT, in dem es um die Aufklärung des Schmiergeldskandals bei Siemens geht. Bevor der Journalist inhaltliche Fragen erörtert und kommentiert, beginnt er seinen Bericht mit einer Beschreibung und Interpretation des Gesichtsausdrucks der Hauptpersonen, um die es in seinen Ausführungen geht: „Ein hilfloser Blick, ein Lächeln, das Verlegenheit verriet, dann zuckten kurz die buschigen Augenbrauen von Peter Löscher in die Höhe. Richtig überrascht, wie die Mimik des Siemens-Vorstandschefs vermuten ließ, konnte er von der Frage nicht gewesen sein, die ihm am Mittwoch auf der Halbjahrespressekonferenz in München gestellt wurde. Steht Siemens in Sachen Korruptionsaffäre mit dem früheren Vorstandsvorsitzenden und Ex-Aufsichtsratschef Heinrich von Pierer in Kontakt? Löscher ließ sie seinen Vorstandskollegen Peter Solmssen beantworten. Bei Solmssen zuckte keine Braue."[106]

In den Medien spielt das Sichtbare eine zentrale Rolle. Führungskräfte, die im Mittelpunkt des öffentlichen Interesses stehen, sollten dies berücksichtigen und ihre Mimik entsprechend kontrollieren können, denn diese ist – neben den anderen nonverbalen und verbalen Elementen - mitverantwortlich für den Kommunikationserfolg einer Person. Seine Mimik zu beherrschen heißt aber nicht, dass man den Bezug zu ihrer Lebendigkeit verliert und versucht, sich ein bewegungsloses, möglichst wenig verräterisches Gesicht, in das der Betrachter so gut wie nichts hineininterpretieren kann, anzutrainieren. Dann kann der Eindruck von Souveränität schnell ins Gegenteil umschlagen. Von einer ruhigen Mimik wird in der Regel auch auf eine ruhige, konstante Stimmungslage geschlossen. Personen, die eine wenig bewegte Mimik haben, können u.a. Konzentration, Ausgeglichenheit, Souveränität und Gelassenheit ausstrahlen. Wenn jedoch eine ruhige Mimik in Zusammenhang mit einer sehr langsamen und recht spannungslosen Gestik auftritt, kann sich der Eindruck schnell ins Gegenteil kehren.[107]

Ebenso wie für die Gestik gilt für die Mimik, dass diese nicht allein für die Überzeugungskraft eines Sprechers ausschlaggebend sein kann. Vielmehr müssen der Inhalt des Gesagten und die Mimik übereinstimmen (in Abstimmung mit den weiteren nonverbalen Elementen). Für Personen, die z.B. aufgrund ihres Status und Beruß per se in der Öffentlichkeit stehen, hat sie eine besondere Relevanz: Kommunikatoren müssen ihr Auftreten kontinuierlich hinterfragen. Der berühmte erste Eindruck, der - dem Volksmund nach darüber entscheidet, wie jemand wahrgenommen wird, zählt auch hier. Aber ebenso alle folgenden Eindrücke, insbesondere die, die von den Medien aufgegriffen und anschließend kolportiert werden.

Der letzte Aspekt, den es zum Thema nonverbale Kommunikation zu betrachten gilt, ist die Körperhaltung. Die Körperhaltung eines Menschen ist einerseits abhängig davon, wie er körperlich gebaut ist, andererseits gibt die Körperhaltung in Kommunikationsprozessen Aufschluss darüber, wie die Beziehung der Kommunikationspartner zueinander ist. Es gibt unzählig viele verschiedene Körperhaltungen. Bzgl. der Führungskommunikation sind jedoch nur einige wenige davon von zentralem Interesse. Schwertfeger und Lewandowski nennen drei Grundtypen von Körperhaltungen, die an verschiedene soziale Aktivitäten gebunden sind:

- Einschließende oder ausschließende Körperhaltung
  Diese markiert den Raum, den die Kommunikationspartner in der Kommunikationssituation einnehmen. Die Funktion ist einschließend, wenn sich die Kommunikationspartner einander zuwenden. Ausschließend meint hier, dass sie sich

von den nicht zur Gruppe gehörenden Personen abwenden.[108]

- Face to Face oder parallele Körperhaltung
  Der zweite Grundtypus ist „die vis-á-vis-Orientierung oder
  die parallele Körperorientierung."[109] Diese sagt aus, dass
  zwei Kommunikationspartner entweder einander gegenüber
  oder aber nebeneinander sitzen. Bei drei Kommunikationspartnern verändert sich auch deren Orientierung zueinander.
  Meist nehmen zwei Personen dann nebeneinander Platz und
  wenden sich der dritten Person zu. Bei vier Kommunikationspartnern sitzen meist zwei Personen den zwei weiteren
  Personen gegenüber. Die vis-á-vis-Orientierung kann auch
  eine bestimmte Form der Kommunikation anzeigen, da in
  einer solchen Körperhaltung des Einanderzugewendetsein
  die Kommunikationspartner aufeinander reagieren müssen.
  Ein Ausweichen ist quasi unmöglich, da man sich von Angesicht zu Angesicht steht. Bei der vis-á-vis-Orientierung
  steht meist der Austausch von Informationen oder auch Gefühlen im Mittelpunkt. Bei der parallelen Körperorientierung
  geht es meistens um Aktivitäten, in denen sich zwei Personen nebeneinander befinden, also nicht Face to Face kommunizieren. Her ist auch vorstellbar, dass eine Person proak-
  tiv kommuniziert, während die andere die Aussage kommentiert oder schweigt. Ein Ausweichen ist hier sehr viel leichter
  möglich, da die Kommunikationspartner einander nicht zu-
  gewendet sind.

- Kongruente oder nicht kongruente Körperhaltung
  Der dritte Grundtypus von Körperhaltungen ist „die Kon-
  gruenz oder Nichtkongruenz von Körperhaltungen".[110] In
  Diskussionsgruppen ist häufig zu beobachten, dass verschie-

dene Kommunikationspartner ähnliche Körperhaltungen einnehmen. Diese Parallele, so die Autoren Schwertfeger und Lewandowski, kämen nicht von ungefähr: Kommunikationspartner, die eine ähnliche Körperhaltung einnähmen, würden in der Regel auch einen ähnlichen Standpunkt vertreten. So ist für den externen Beobachter solcher Diskussionsgruppen, beispielsweise von TV-Talkshows, leicht ersichtlich, wer mit wem „auf einer Wellenlänge" liege. Eine zueinander sehr unterschiedliche, d.h. nicht kongruente Körperhaltung spiegele dagegen auch einen Statusunterschied zwischen den Kommunikationspartnern: „Treffen zwei Personen zusammen, die sich in ihrem sozialen Status stark voneinander unterscheiden (Vorstandsvorsitzender und einfacher Arbeiter), werden sie auch sehr unterschiedliche Körperhaltungen einnehmen."[111]

Die Autoren Kirchner und Brichta weisen in ihrem Buch „Medientraining für Manager" darauf hin, dass es nicht einfach damit getan ist, dass sich Führungskräfte bestimmte Körperhaltungen antrainieren. Vielmehr ist die innere Haltung für die äußere Haltung verantwortlich: „Gewiss, wer sich in seiner Haut nicht wohl fühlt, wer nicht weiß, welche Haltung er gegenüber einem Thema einnimmt, wird sich eine bestimmte Haltung kaum antrainieren können."[112] Deswegen ist es auch so wichtig, sich zunächst seine innere Haltung zu vergegenwärtigen, bevor man kommuniziert, ganz gleich um welches Thema es geht.

Die Körperhaltung eines Menschen sagt nicht nur etwas über dessen Persönlichkeit aus. Betrachtet man eine Gruppe von mindestens zwei Personen, so sagt deren Körperhaltung immer auch etwas über die Beziehung zwischen den Kommunikationspartnern aus. Für die Kommunikation zwischen Führungskräften und Mitarbeitern sollte daher der Körperhaltung und der Orientierung zu den Empfängern besondere Beachtung geschenkt werden. Jede Führungskraft sollte ihren Auftritt und ihre Kommunikation sorgfältig planen. Die Körperhaltung, ebenso wie die vorausgehend erörterten weiteren verbalen und nonverbalen Kommunikationselemente inbegriffen. Nur so lässt sich steuern, wie man von den Empfängern wahrgenommen wird: „Festzuhalten bleibt: Die bewusste Steuerung der Wahrnehmung der Person des CEO, seines Auftrags und seiner Ziele ist das Ergebnis von genauer und intensiver Planung. Damit gewinnt er Zeit und Raum für seine unternehmerischen Aufgaben. Das erfordert ein neues Verständnis von Kommunikation. Voraussetzung dafür ist ein Prozessmusterwechsel: Es ist seine Aufgabe und nicht nur die der Fachabteilung, seine Kommunikation zu planen. Bei ihm laufen die Fäden zusammen. Er ist damit Gestalter seines Erfolgs."[113]

3.3   Sprachlosigkeit in Krisenzeiten

Die sechs Kernwerte Nachhaltigkeit, Integrität, Vertrauen, Verantwortung, Mut und Respekt - sie alle stehen für die Sozialkompetenz einer Person und sind Teil deren persönlichen Wertegerüstes. Um Werte nicht nur zu definieren, sondern auch vermitteln zu können, braucht es immer auch ein Argumentarium. Aber insbesondere in erfolgskritischen Zeiten mangelt es Unternehmen häufig an einer Kommunikationsstrategie und an intelligenten Botschaften, die Klarheit schaffen. Stressbedinge Kommunikationsfehler sind die Folge. Umso wichtiger, sich rechtzeitig mit dem Thema Kommunikation und der Entwicklung von entsprechenden Inhalten auseinanderzusetzen. Kommunikation ist mehr als nur ein Austausch von Informationen. Das zunehmende Ausmaß von E-Mails, Videokonferenzen usw. hat dazu geführt, dass der Stellenwert der zwischenmenschlichen Kommunikation in Unternehmen häufig vernachlässigt wird. Maro hat beobachtet, dass Führungskräfte an der Spitze eines Unternehmens sich insbesondere dann in Schweigen hüllen, wenn es dem Unternehmen schlecht geht: „Je schlimmer es einem Unternehmen geht, umso weniger redet die Spitze Tacheles. Von den Managern kommt nur Nebulöses. Sie stehen unter hohem Leistungsdruck, fürchten um ihren Job und sind unsicher. Sie wollen sich nicht festnageln lassen, damit ihre Fehler nicht nachweisbar sind. Deshalb werden Manager auch immer entscheidungsunfreudiger."[114] Führungskräfte, so Maro, müssten aktiv auf Krisenursachensuche gehen und nicht nur die Kostenseite im Blick haben. Ein solches Verhalten wirke sich negativ auf die Mitarbeiter und deren Arbeitssituation aus, denn die Kostenbremse führe dazu, dass Unternehmen einerseits Mitarbeiter einsparten und andererseits den verbleibenden Mitarbeitern häufig mehr Arbeit aufhalsten, als diese verkrafteten. Ein Teufelskreis, denn die persönliche Überlastung wird in den seltensten Fällen nach oben kommuniziert. Das heißt, dass Manager für ein solches Verhalten auch keinen Spiegel vorgehalten bekommen, der als Korrektiv dienen und das eigene Verhalten wieder geraderücken könnte: „Aber wer Vorstand ist, bekommt ohnehin keine ungefilterten Informationen mehr. Kein Abteilungsleiter bekennt, „es herrscht Hauen und Stechen im Betrieb, und bei den Mitarbeitern habe ich ein Glaubwürdigkeitsdefizit." Deshalb leben Vorstände nicht in der realen Welt ihres Unternehmens."[115]

Der Verhaltensforscher und Yale-Professor Robert Shiller geht noch einen Schritt weiter und vertritt die Meinung. dass Ökonomen generell eine verklärte Sicht auf Ereignisse haben. Als Grund dafür gibt er deren Wunschdenken an, was in letzter Konsequenz auch mitverantwortlich für die Wirtschaftskrise sei: „Ich vermute, dass die Entscheidungen vieler Ökonomen verzerrt waren durch

Wunschdenken. [...] Menschen, die Ökonomen werden, neigen dazu, sich zu wünschen sie wären Naturwissenschaftler. Sie wollen keine Psychologen ein oder Soziologen. Diese Wissenschaften finden sie weichlich. Hingegen bewundern sie die Physiker und versuchen, die Welt, auf diese Art neu zu gestalten."[116] Shiller erläutert weiterhin, dass die Krise nicht nur ein ökonomisches, sondern vor allem menschliches Ereignis sei, Ökonomen aber eher dazu tendieren würden, das spezifisch Menschliche am Wirtschaftsprozess auszublenden. Ein solch reduziertes Denken zeugt von sehr viel Ignoranz, denn die Wirtschaftskrise ist nicht nur ein Konglomerat aus ökonomischen Ereignissen, sondern ein Ergebnis der Menschen, die diese ökonomischen Ereignisse durch ihr Handeln und Unterlassen herbeigeführt haben. Es ist an der Zeit, dass jeder seine Lehre aus der Krise zieht, und eine zentrale Lehre ist, dass es jetzt gilt, eine neue auf Werten basierende Unternehmenskultur zu schaffen und diese auch zu kommunizieren: „Die größte Gefahr besteht darin, dass die Volkswirtschaften überall auf der Welt keine Lehren aus der aktuellen Krise ziehen und einfach so weitermachen wie bisher. Finanzdienstleistungen müssen sich eine neue Kultur schaffen. Das Zeitalter des Misstrauens muss beendet werden, und wir müssen zu den Grundlagen zurückkehren. Transparenz sollte die höchste Priorität haben. unsere Märkte und Produkte müssen überschaubarer werden. Und wir müssen eine Kultur schaffen, in der sich jeder ermutigt fühlen kann, Fragen zu stellen."[117]

Ein generelles Umdenken ist nicht leicht und bedeutet für den Einzelnen ein großes Maß an gedanklicher Flexibilität, um lange Bewährtes nicht nur infrage zu stellen, sondern auch zu ändern. Möglicherweise gehört dazu auch, darüber nachzudenken, die eigene Urteilskraft wieder zu stärken, statt blindlings auf die Aussagen von Ratingagenturen zu vertrauen: „Entscheidend wird bei alledem sein, wieder zu lernen, dass ein Ethos im beschriebenen Sinn kein bloß privates Vergnügen und kein institutioneller Luxus, sondern das entscheidende Moment eines nachhaltigen und verantwortungsvollen, dem individuellen wie dem Gemeinwohl verpflichteten Wirtschaftens ist."[118] Werte definieren, Werte leben, Werte kommunizieren. Die Krise hat uns allen deutlich vor Augen geführt, dass Image, Reputation und Glaubwürdigkeit von Unternehmen keine statischen Eigenschaften sind, sondern im Wesentlichen abhängen von dem Verhalten der Personen, die sie führen, denn jede Kommunikation beeinflusst gleichzeitig das Image des Kommunikators, unabhängig davon, ob es sich dabei um eine Person oder eine Organisation handelt. Das kommunikative Verhalten von Personen oder Organisationen hat darüber hinaus auch eine symbolische Wirkung, die jederzeit bedacht werden sollte: „Doch unterschätze man das Symbolische, auch in der Wirtschaft nicht. Dazu gehören zum Beispiel ein Managerversagen und ein Managerverhalten, wenn das Kind in den Brunnen gefallen ist. An ihm machen sich gegenwärtig, die öffentliche Debatte um Finanz- und Wirtschaftskrise und der in ihr manifestierte Vertrauensverlust fest. Das ist zwar nur ein Teil der Wahrheit, aber ein in der öffentlichen Wahrnehmung sehr wirksamer. Mit den wirklichen Gründen für das Versagen eines Finanzsystems hat das wenig zu tun, doch ist es eben symbolisch äußerst aufgeladen und besitzt dann eine erhebliche soziale Sprengkraft."[119]

3.4 Inanspruchnahme externer Unterstützung

In den vorigen Abschnitten wurde dargestellt, welcher Voraussetzungen es bedarf, um Veränderungen erfolgreich durchzuführen. Diese sind aber nicht immer gegeben und eine wichtige Rolle spielt sozusagen der Startpunkt der Organisation, wenn sie mit signifikanten Veränderungen konfrontiert wird, was wiederum auf die Veränderungshistorie und das Veränderungsverständnis abstellt. Möglicherweise erweist es sich als unumgänglich, professionelle Dritte (Berater) hinzu zu ziehen. Dabei sind allerdings einige Aspekte zu berücksichtigen.

Das Notwendigste für ein sinnvolles Umgehen mit Veränderungen sind gute Entscheidungsgrundlagen, also Diagnosen. „Eine diagnostische Grundhaltung ist zunächst einmal eine der entscheidenden Voraussetzungen erfolgreichen, individuellen Handelns überhaupt – die Neugier darauf, wie die Dinge wirklich liegen; die Skepsis eigenen Vorurteilen gegenüber; die Fähigkeit Fragen zu stellen und gut zuzuhören; der immer wieder unternommene Versuch, sich in die Lage anderer hineinzuversetzen; die Sensibilität für das Unterschwellige; die Bereitschaft, aus dem eigenen Handeln und dessen Auswirkungen zu lernen."[120] Umfassende Analysen sind Teil der Organisationsdiagnose, um den aktuellen Organisationsstand in allen Facetten zu erfassen und die vorhandene Komplexität zu verstehen und somit eine Basis für die Planung und Implementierung von Maßnahmen der Veränderung zu erhalten. Aus der Praxis hinreichend bekannt ist auch die manchmal geäußerte Vermutung, dass das erhobene Datenvolumen nur dem Bedürfnis der Berater nach Übersicht über die Probleme und Reduktion der eigenen Unsicherheit bzgl. des zunächst unbekannten Unternehmens dient, das Unternehmen selbst mit der Informationsfülle jedoch gar nicht konstruktiv weiterarbeiten kann. Die Aufhebung der Trennung von Diagnose und Intervention hilft aus diesem Problem heraus, da dann alle Diagnoseschritte als Intervention angelegt werden. Dann nämlich passiert der Informationsgenerierungsprozess im System selbst und wird von den Beratern lediglich prozessual gesteuert.[121] Bei dieser Vorgehensweise sind die Betroffenen in die Analyse einbezogen und die Rückkoppelung der Ergebnisse an die Betroffenen fördert unter der Voraussetzung, dass die erhobenen Fakten und entwickelten Hypothesen durch die Betroffenen auch genutzt werden, den partizipativen Charakter des Prozesses.

Generell ist hinsichtlich des Einsatzes von Beratern festzustellen, dass Gestaltungsmaßnahmen immer zu den lokalen Gegebenheiten einer Organisation passen müssen. Und vor allem: kein Beratungsansatz wird als besser oder schlechter, höherwertiger oder minderwertiger betrachtet, sondern es wird je nach Situation des Unternehmens und nach Möglichkeiten der Beratenden der adäquate Ansatz ausgewählt, der die Erwartungen des Unternehmens einbezieht. Drastischer formulieren Doppler und Lauterburg, ein Veränderungsvorhaben habe umso geringere Aussicht auf Erfolg, „[…] je stärker es im Gegensatz steht zur Unternehmenskultur, die insgesamt vorherrscht. Veränderungen einführen zu wollen, die neues Denken erfordern, die ein Verhalten voraussetzen, das bisher weder üblich noch beabsichtigt war, noch viel weniger belohnt und deshalb auch nicht „gelernt" wurde, ist wie der Versuch, das Meer zu pflügen."[122] Existente Unternehmenskulturen beeinflussen also mit die Beantwortung der Frage nach der richtigen Implementierungsstrategien, den Zeitpunkt ihres Einsatzes und die anzuwendende Intensität. Leider ist festzustellen, dass die großen Beratungsunternehmen häufig ihren einen Standardansatz in dem zu beratenden Unternehmen durchsetzen und somit nicht immer zieladäquat agieren.

4. „Randsportarten"

Welches sind also die Erfolgsfaktoren, die den Paradigmenwechsel, den grundsätzlichen „Change" ermöglichen? Schlussfolgernd aus den obigen Ausführen zunächst einmal die Fähigkeit zu persönlicher und organisationaler Selbstreflexion. Selbstreflexion verlangt Selbstmanagement. Zur Fähigkeit persönlicher und organisationaler Selbstreflexion gehört auch die Kenntnis der eigenen Geschichte und Sozialisation, inklusive Stärken und Schwächen, um diese gezielt einzusetzen oder komplementär auszugleichen. In vielen Fällen dominiert noch der Anspruch, dass das Management alles können muss, zum Multitalent und Besserwisser verdammt ist. Das Resultat ist oft Blendwerk, einhergehend oder hervorgerufen durch Ängste vor Kontroll- und Machtverlust. Je weniger authentisch Manager sind, je mehr sie sich hinter Bildern oder Möchtegern-Szenarien verstecken, umso weniger können sie in Beziehung treten. Es geht nicht um irgendeine Form von Perfektion, sondern um ein ausreichendes Maß an Ehrlichkeit zu sich selbst und den Menschen in einer Gemeinschaft. Wenn jedoch Individuen diese selbstreflexiven Schleifen nicht bewältigen, wie soll dies in Geschäftsbereichen oder Unternehmen gelingen?

4.1   Ethische Weitsicht

Der altgriechische Begriff des »ethos« heißt so viel wie Sitte, Charakter, Sinn ist also viel weiter als das gesteckt, was wir heute mit Moral assoziieren und was oft als etwas Einengendes empfunden wird. Ethische Weitsicht ist vielmehr die erlernbare Fähigkeit der Führung, Zusammenhänge zu verstehen und zu kommunizieren, sich an der Sinnbildung der Gesellschaft zu beteiligen. Die Ressource des Sinns muss neu entdeckt werden. Das ist das Ethos, Aufgabe der Unternehmensführung: Sinnstiftung im ökonomischen Umfeld. Dies geht definitiv über reines Wirtschaften hinaus und erfordert persönlichen Einsatz.

Führung muss gelernt und geübt werden. Mit wenigen charismatischen Ausnahmen ist Führung zu Recht etwas Erlerntes. Unternehmensführung in und nach der Krise muss sich neu besinnen und an ethischen Aspekten erproben, um zukünftige Krisen unwahrscheinlicher zu machen.

Menschen neigen offenbar dazu, mehr Macht und Verantwortung anzustreben als sie mit Können und Kapazität ausfüllen können. Dadurch entsteht häufig tatsächlich ein Macht- und Verantwortungsvakuum. Sorgfältiges und maßvolles Einschätzen der Verantwortung, die man übernehmen kann, hätte vielleicht zur Folge, dass immer mehr Menschen bemerken, wie viel Verantwortung überhaupt nicht übernommen wird bzw. beim gegenwärtigen Können der verfügbaren Personen auch nicht übernommen werden kann. Dies könnte uns vorsichtig machen, organisatorische und professionelle Komplexität herauf zu beschwören. Positionsinhaber in Organisationen verlieren sich leicht in deren Logik und scheinbaren Sachzwängen. Sie funktionieren und erledigen das Tagesgeschäft. So erleben viele, auch mächtige, Positionsinhaber ihre Spielräume für Nachdenken und schöpferisches Beeinflussen der unternehmerischen Strategien der Organisationskultur als gering. Daher glauben sie, auch Vorgänge ertragen oder mitgestalten zu müssen, die sie aus ihren privaten Werthaltungen heraus ablehnen würden. Je komplizierter Organisationen werden, desto schwerer sind die Zusammenhänge zu begreifen und zu managen. Gleichzeitig ist auch der Einfluss des Einzelnen kleiner, und umso weniger mag er diesen Einfluss für die ohnehin so schwierig integrierbaren ethischen Gesichtspunkte verwenden. Man hat häufig durchaus gute Absichten, verschiebt das Ganze aber wegen der Brisanz anderer Dinge in die Zukunft. Das Tagesgeschäft bietet immer Gründe für das Zurückstellen unternehmerischer Weitsicht und das ernsthafte Einbeziehen ethischer GesichtspunktEine Schwierigkeit liegt auch darin, dass sich viele Manager mit dem strategischen Denken schwer tun, ohne sich dies einzugestehen. Sie glauben eher an das überwältigende Tagesgeschäft und daran, über zu wenig Zeit, Informationen, Kommunikations- und Kooperationsbereitschaft anderer zu verfügen. Daran stimmt, dass man aus einem übermäßigen Tagesstress heraus auch nicht schöpferisch sein kann, es sei denn, man ist außergewöhnlich begabt und jahrelang in schöpferischem, strategischem Arbeiten geschult. Es ist verständlich, dass ein Manager die Verschnaufpausen, die sich ergeben, wenn er erst einmal die Betriebsamkeit unterbricht, zur Erholung braucht. Es ist schwierig, sich die Anstrengung schöpferischen Denkens zuzumuten, wenn man sich ausgebrannt und auch zu wenig geschult erlebt und außerdem schnelle Früchte einer solchen Anstrengung nicht zu erwarten sind. Notwendigkeit, ja Dringlichkeit allein hilft dabei nicht, sondern vergrößert nur das Unbehagen.

Ethisches Grundverständnis ist einer der Erfolgsfaktoren für zukunftsorientiertes unternehmerischen Handelns. Rücksichtsloses, nur auf kurzfristige Gewinnmaximierung ausgelegtes Handeln ist nicht nur moralisch inaktzeptabel, es geht vor allem um die Existenz der Menschen. Zahlen der Münchener Rück Versicherung z. B. belegen, dass die Schadenshöhe durch Klimawandel allein im Jahr 2003 über 60 Milliarden Euro betrug, noch ohne die Folgen des Tsnunami und des Hurrikans Kathrina. Der niederländische Premierminister Jan Peter Balkenende bezeichnete die Achtung der Menschenwürde, Freiheit, Demokratie und Rechtsstaatlichkeit einmal als Mörtel zwischen Bausteinen des europäischen Hauses. Dies gilt auch für das globale Haus: kontinuierliches Wirtschaftswachstum als einziger Stabilisator reicht nicht mehr aus. Mehr Bewusstsein für und Reflexion über die Zukunftschancen von Unternehmen und deren Umwelten verbunden mit klaren Ausrichtung und Strategie ermöglicht statt eines wohlfeilen, kurzfristigen Abbaus von Ressourcen in ein langfristiges, strategisches Investitionsprogramm überzugehen. Trotz dieser Erkenntnisse und Erfahrungen der letzten Jahrzehnte scheint Komplexität weiterhin Perplexität zu erzeugen, Aktionismus wird weiter einer gesamtsystemischen Reflexion vorgezogen und Menschen werden immer noch lieber an ihren Taten gemessen als an dem, was diese nachhaltig bewirken getreu der Formulierung von Professor Jay Forrester von der MIT Sloan School: „People, politics and press are more excited about the hero who copes with a disaster than the people who quietly prevent it ". Die Herausforderung der nächsten Jahre wird darin bestehen, den Modus des" Corporate Alzheimer" zu verlassen, in der Vergangenheit erfolgreiche mentale Konstruktionen und Modelle weiter zu entwickeln und zu erneuern sowie mit neuen Realitäten in Beziehung zu treten. Nur mit dieser neuen, multilateralen Beziehungsqualität können wir in der zunehmenden Dynamik und Komplexität der globalen Wertegemeinschaft und ihrer vielfaltigen Marktplätze handlungs- und gestaltungsfähig werden.

4.2   Individuelle Werte in der Kommunikation

Der nächste Schritt ist der Umgang mit Komplexität und Aushalten von Widersprüchen, um Erkenntnisse aus Komplexität handlungsleitend zu vermitteln. Mit Hilfe von gesamtsystemischer Reflexion, einer neuen Form von Kommunikation und Beziehungsfähigkeit zwischen den in der Organisation und darüber hinaus beteiligten Menschen, kann die Komplexität von Organisations- und Wertschöpfungsprozessen erfolgreich gestaltet werden. Kommunikation wird wieder auf den ursprünglichen Sinn zurückgeführt, den Akt von Teilen und Gemeinschaft, das gemeinsame Ganze von Einzelnen. Ein solcher Umgang mit Komplexität fordert auch das Aushalten von Widersprüchen, um Erkenntnisse aus Komplexität handlungsleitend zu vermitteln. Je mehr sich Führungskräfte hinter einer angeblichen Perfektion verstecken - unantastbar, distanziert, kontrolliert, fehlerfrei - desto unglaubwürdiger und vor allem unkommunikativer werden sie. Der Mut zur Verletzlichkeit, zum Unperfekten bewirkt eine andere Führungsqualität, nämlich Selbstführung und situationsadäquate Führung. Beziehungen können in Konvergenzräumen nur entstehen, wenn die Maske der Perfektion fällt. Nötig ist eine neue Balance zwischen der klassischen, nach Perfektion strebenden, sozusagen heldenhaften Führung und der Imperfektion, um als Mensch mit seiner Umwelt in Beziehung zu treten und damit als Manager beziehungsfähig zu werden. Das P4 Feld, die dynamische Kombination von People, Purpose, Passion und Performance ist die Basis für nachhaltige Wertschöpfung. Erst wenn entsprechend geführt wird, sieht "pragmatische" Generation wieder Sinn in übergreifenden Zielen und Einsatz für gesellschaftspolitische Veränderungen.

4.3   Wertebewusste Unternehmensführung

Welche sind also die Erfolgsfaktoren, die den beschriebenen Missständen ein Ende bereiten? Es beginnt mit dem Wahrnehmen und Erkennen von Mustern aus dem Denken und Anerkennen systemischer Zusammenhänge. Ein selbstreflexiver Prozess im Geschäftsbereich oder Unternehmen beginnt an der Spitze. Die Qualität von Führung ergibt sich entscheidend aus der Qualität dieser Selbstreflexion sowie dem Erkennen und Wahrnehmen von Mustern, dem Denken und Anerkennen systemischer Zusammenhänge. Im Umkehrschluss entsteht so die Fähigkeit, zu fuhren, zu inspirieren, zu motivieren und andere in der Organisation für Veränderung zu begeistern.

Die heute noch häufiger anzutreffende andere Form, ein Unternehmen zu fuhren, ist Management durch Angst und Druck - ständig um ein Höchstmaß an Kontrolle bemüht. Die Konsequenz ist dann das aus der Organisationspsychologie bekannte Phänomen der dominanten Logik: Eine Erfolgsstory, die gut funktioniert, begründet die Annahme, dass das, was bisher gut funktioniert hat, auch künftig so funktionieren wird. Intellektuell wird zwar oft etwas anderes kommuniziert, aber bzgl. des an den Tag gelegten Verhaltens ist diese Tendenz überwiegend festzustellen. Irgendwann funktioniert das scheinbar Bewährte dann weniger gut – also wird der Druck in der Hoffnung erhöht, dass es wieder besser wird. Bleibt Besserung aus, dreht man weiter an der Druckschraube. Der Aufwand, das gleiche Ergebnis zu erzielen, wird immer größer, irgendwann kippt das Verhältnis zwischen Input und Output – zu Lasten von Qualität, Wettbewerbsfähigkeit und Profitabilität. Das Phänomen der dominanten Logik ist zu aufwändig, wenig motivierend und sehr kostspielig: Analyse-, Bewertungs- und Auswahlverfahren, die Angst-, Absicherungs- und Misstrauenskultur schaffen, anstatt Innovations-, Lern- und Leistungsräume zu ermöglichen, sind deutliche Hinweise auf ein verfehltes Kommunikations- und Führungsverhalten.

Ein weiterer Erfolgsfaktor ist das Gestalten von Beziehungen mit sozialer und emotionaler Kompetenz. Die aktive Gestaltung von Beziehungen im Sinne einer Coopetition: der gemeinsame Wettbewerb um die besten Ergebnisse anstatt des Wettbewerbs gegeneinander erschließt große Potentiale und zwar sowohl im betriebswirtschaftlichen als auch im volkswirtschaftlichen Kontext. Gemeinsames, übergreifendes Verständnis der Wertschöpfungsprozesse optimiert die Zusammenarbeit, reduziert Prozesskosten und erhöht die Qualität im Wettbewerb um beste Leistungen und Ergebnisse. Das kontinuierliche Aushandeln gemeinsamer Realitäten ist die Voraussetzung für erfolgreiche Formen der Zusammenarbeit und Wertschöpfung.

4.4   Fähigkeit zur kulturellen Veränderungen

4.4.1   Cultural Due Diligence

Existieren Unternehmen über 10 Jahre und mehr in einem Markt, zumal, wenn das Unternehmen mit einer starken Marke auftritt, dann haben sie eine Unternehmenskultur entwickelt, die identitätsprägend ist und den Mitgliedern der Organisation Orientierung und Verhaltenssicherheit gibt. Diese Kultur ist die historisch gewachsene Basis für den inneren und äußeren Zusammenhalt und für die Handlungsfähigkeit eines Unternehmens. Sie reflektiert eine Wertesammlung und Wertebeschreibung und ist mithin ein miteinander geteiltes Verhaltensmuster, das auf gemeinsam gelernten und sich immer wieder bestätigten Annahmen und Überzeugungen basiert. Bei Veränderungen berührt man die unbewussten Bereiche eines Unternehmens und hat demzufolge auch mit großem Widerstand zu rechnen. Wie soll das Führungsteam im Rahmen des Change Managements mit diesem schwer fassbaren, unsichtbaren aber sich im

102

täglichen Handeln manifestierendem Phänomen Kultur umgehen? Kann man die kulturellen Faktoren frühzeitig beschreiben und so auswerten, dass sie in einer Art Due-Diligence-Verfahren als ein greifbarer Teil in der Bewertung berücksichtigt werden, um sie im Veränderungsprozess so zu steuern, dass die Erfolgswahrscheinlichkeit steigt? Wie kann überdies identifiziert werden, welche aus der Strategie abgeleiteten Entscheidungen durch kulturelle Faktoren stärker oder schwächer beeinflusst werden?

Da sich eine Unternehmenskultur aus der Auseinandersetzung mit den Anforderungen der Umwelt entwickelt und diese damit gleichzeitig mit gestaltet, ist sie in diesem Sinne nicht gut oder schlecht, sondern nur eine, die die Anforderungen der Umwelt bewältigt. In der Literatur wird häufig unterschieden nach einem objektivistischen, einem subjektivistischen und einem integrativen Kulturbegriff.

Der objektivistische Ansatz konstatiert, dass ein Unternehmen eine Kultur hat, die als eine Variable von vielen organisatorischen Größen mit festen Ursache-Wirkungs-Beziehungen angesehen werden kann und im Rahmen von Managementsystemen aktiv einsetzbar ist, um mittels diverser Funktionen die Zielerreichung des Unternehmens zu fördern.[123] Für die Cultural Due Diligence würde dies bedeuten, dass die Unternehmenskultur aufgrund des gestaltbaren Charakters verhältnismäßig einfach zu formen und zu vermitteln ist. Als mögliche Erhebungsinstrumente bieten sich hier vor allem quantitative oder (halb)standardisierte Verfahren an.[124]

Der subjektivistische Ansatz ist als Gegenpol zum objektivistischen Ansatz zu verstehen, da er von der Prämisse ausgeht, dass ein Unternehmen eine Kultur ist und somit die im Unternehmen vorherrschende soziale Wirklichkeit reflektiert. Hier wird auf Basis kulturanthropologischer Grundsätze die Unternehmenskultur als ein nicht instrumentalisierbarer Methapheransatz dargestellt, der nicht nur die oberflächlichen Erscheinungsformen, sondern auch tiefgreifende Kulturannahmen erfasst.[125]

Aus der Kritik an den o.g. Ansätzen hat sich der integrative Ansatz entwickelt, bei dem davon ausgegangen wird, dass ein Unternehmen wie zwei Seiten einer Münze eine Kultur hat und gleichzeitig eine Kultur ist. Die Unternehmenskultur beinhaltet vor allem durch soziale Lernprozesse neben einer materiellen (objektivistischen) auch eine ideelle (subjektivistische) Ebene, die eine Gestaltbarkeit als prinzipiell möglich ansieht und bei der die funktionale Ursache-Wirkungskette nicht vollständig dargestellt werden kann, da sie durch subjektive Einflüsse nicht linear übertragbar ist.[126] Allerdings scheint es in der Praxis schwierig, ohne konkretes Kulturmodel, das als Leitlinie und Ansatzpunkt möglicher Untersuchungen und Change-Maßnahmen dienen kann, zu operieren.

Scheins Kulturmodel[127], das inzwischen weiterentwickelt und verfeinert wurde, versucht diese Problematik zu lösen, indem die Kultur eines Unternehmens nach dem Grad der Sichtbarkeit bzw. des Bewusstseins in drei Ebenen unterteilt wird. Die einzelnen Ebenen sind nicht zwingend eindeutig gegeneinander abgrenzbar, vielmehr stehen sie in permanenter Interaktion und werden durch die Interaktionen (re-) produziert. Nach Schein ist der Kern einer Kultur zum Teil in unbewussten Einstellungen und Grundprämissen verankert. Die drei Ebenen beschreiben sich wie folgt:

- Artefakte – Sie sind sozusagen die Oberfläche des Unternehmens, wahrnehmbare Ausprägungen der Kultur, deren Aussage hinsichtlich der beabsichtigten Symbolik allerdings schwierig ist. Diese werden durch die tiefer liegenden Annahmen sowie bekundeten Werte repräsentiert.

- Werte und Normen – Sie verkörpern manifestierte Einstellungen der Organisationsmitglieder und sind im Gegensatz zu Artefakten nicht mehr eindeutig feststellbar, erleichtern jedoch durch ihr Vorhandensein eine gemeinsame Zielverfolgung sowie das menschliche Miteinander innerhalb der Unternehmung. Normen und Werte prägen also mithin die soziale Ordnung und machen die bekundeten Werte für die Realität – also beispielsweise in der Cultural Due Diligence – teilweise überprüfbar. Allerdings sind in der Praxis besonders Unternehmensleitsätze und -philosophien bzgl. ihrer Relevanz und Glaubwürdigkeit zu hinterfragen.

- Grundprämissen – Sie sind die einflussreichste Ebene und enthalten weitestgehend unbewusste, im allgemeinen Umgang jedoch selbstverständliche zentrale Einstellungen, die die bisher dargestellten Bestandteile des Models nachhaltig prägen und somit als Fundament der Unternehmenskultur verstanden werden müssen. Insbesondere in Krisenzeiten oder Zeiten radikaler Veränderungen wie in der PMI kristallisieren sich neue Einstellungen heraus, die in der Evolution als Selbstverständlichkeit übernommen werden. Erst die Analyse der Grundannahmen erlaubt eine Interpretation der anderen Ebenen.

Aus den diskutierten Zusammenhängen ergibt sich zwingend, dass an ein Erhebungsinstrument im eines bewusst initiierten Veränderungsprozesses besondere Anforderungen gestellt werden. Eine ausschließliche Verwendung quantitativer Analyseverfahren kann die grundlegenden Annahmen nicht ausreichend abbilden, zumal standardisierte Erhebungsmethoden in der Praxis aufgrund z.B. der Widerstände der Arbeitnehmervertreter kaum einsetzbar sind.

Nur durch eine umfassende Berücksichtigung qualitativer Aspekte ist gewährleistet, auf diese Ebene vorzudringen. Die integrative Kulturauffassung sowie das Model von Schein führen zu folgenden Auswirkungen für die Cultural Due Diligence:

- Die Organisationsmitglieder sind als Träger und Entwickler der Unternehmenskultur über alle Hierarchieebenen ausreichend in den Analyseprozess einzubeziehen. Die unterschiedliche Beeinflussungsmöglichkeit durch dominante Kulturträger ist zu berücksichtigen; die Auswahl möglichst typischer Kulturträger ist für die Cultural Due Diligence entscheidend.

- Eine Mischung aus quantitativen und qualitativen Verfahren zur Analyse der Kultur ist meistens zielführend. Dabei stehen die qualitativen Instrumente aufgrund des Erkenntnisinteresses – nicht zuletzt auch unter dem Aspekt der angestrebten Nachhaltigkeit der in der PMI getroffenen Maßnahmen – im Vordergrund.

- Die zielrichtungsgebende Beeinflussung der Unternehmenskultur scheint möglich, aber nur, wenn schon im Rahmen der Merger-Strategie eine Vorstellung entwickelt wurde, mit welchen Change-Maßnahmen diese erreicht werden soll.

Implizit könnte man aus obigen Ausführungen auch ableiten, dass die Unternehmen, deren integrativer Kulturansatz im Sinne der Zielsetzungen am besten zu den Umweltanforderungen passt, eine höhere Erfolgswahrscheinlichkeit haben als andere.

Um mögliche Chancen zu erkennen und nutzen zu können, ist eine Analyse Ist-Kultur und eine Bewusstmachung der vorhandenen Kultur erforderlich. Im Grunde braucht es hierfür eine Kombination verschiedener Instrumente aus Psychologie, Anthropologie sowie Organisationsentwicklung meistens verbunden mit externer Unterstützung, da ein Wesensmerkmal der Unternehmenskultur ist, dass sie weitgehend unbewusst wahrgenommen wird.

Wenn es gelänge, die durch den Veränderungsprozess initiierte Verunsicherung als Basis zu nutzen, Neues zu wagen, lägen die größten Chancen darin, sich seiner Identität wirklich bewusst zu werden, andere Sichtweisen kennen zu lernen, eigene Grenzen zu überschreiten und die eigene Identität weiter (teilweise neu) zu entwickeln und damit eingefahrene Bahnen zu verlassen. Damit öffnet sich der Blick für neue Wege bzgl. des Umgangs mit den Anforderungen der Umwelt und es können entsprechende Strategien entwickelt werden mit der Konsequenz, Ressourcen mobilisieren zu können und neue Ideen zu entwickeln sowie Dynamik ins Unternehmen zu bringen. Dieses so neu entstandene Potenzial erlaubt es, sich adäquater und kreativer den Veränderungen in der Unternehmensumwelt anzupassen und steht damit eng im Zusammenhang mit der Frage, inwieweit Unternehmenskulturen durch ein Change Management verändert werden können.[128]

Um den „verdeckten Teil des Eisberges" zu beschreiben und trotz aller Hindernisse den kulturellen Aspekt wenigstens im Ansatz in die Due Diligence zu integrieren, reduzieren Grube und Töpfer die o.g. komplexen quantitativen und qualitativen Erhebungsfragen auf ein Minimum, dass allerdings schon valide Indikationen zulässt:[129]

- Geschäftszweck – Welche Ziele einschließlich der ungeschriebenen hat sich das Unternehmen gesetzt?

- Erfolgsmaßstäbe – Welche heimlichen Motivationen wirken im Unternehmen?

- Kognitive Strukturen – Wie wird die Realität im Unternehmen wahrgenommen und verarbeitet?

- Kompetenzen- welche Veränderungskompetenzen hat das Unternehmen?

- Entscheidungsstrukturen – Wie hoch ist die Risikobereitschaft beim Management?

- Kommunikationsstil – Wie hoch ist der Grad der Teamorientierung? Wie offen wird kommuniziert?

Damit lässt sich schon mal eine grobe Aussage darüber treffen, wie unterschiedlich Ist- und Sollzustand sind. Letztendlich sind es die weichen Einflussfaktoren – im Gegensatz zu den harten wie Prozesse und Systeme – die durch die Dimensionen Zeit, Aufwand, Überwindung von Hindernissen über den Erfolg des Gesamtprozesses entscheiden. Das Ergebnis der Cultural Due Diligence determiniert auch die weitere systemische Vorgehensweise und Grad und Art der erforderlichen Interventionen um für alle Organisationsmitglieder die kulturellen Unterschiede zwischen Ist und Soll deutlich werden zu lassen und sich dann entweder anzugleichen oder auch in Teilen eine neue Unternehmenskultur zu entwickeln.

4.1.2   Veränderungshistorie und –kultur

Der Startpunkt für Veränderungsprozesse und die Fähigkeit, eine Unternehmenskultur zu verändern, definiert sich nicht nur durch die im vorigen Abschnitt beschriebenen strukturellen Voraussetzungen. Eine wesentliche Rolle spielt der bisher erlebte Erfahrungshorizont, die Veränderungshistorie. Wenn man Unternehmenskultur als die Summe aller Grundprämissen, Normen und Werte als auch Artefakte, die den Geist eines Unternehmens ausmachen, definiert, dann schließt dies die soziotechnische Geschichte mit ein. Unter soziotechnischer Geschichte sollen die in der Vergangenheit mehr oder weniger erfahrungsgeleiteten geplanten und realisierten soziotechnischen Optimierungen sowie das Ausmaß an Kontinuität oder Radikalität der soziotechnischen Entwicklungen verstanden werden.

Der Begriff der Veränderungskultur lässt sich definieren als die „Gesamtheit der sozialen Tatsachen und ihre Codes in einem Unternehmen"[130], also als vorherrschende Muster von Tätigkeiten, Interaktionen, Normen, Empfindungen (und Gefühle), Einstellungen, Überzeugungen, Werten und Produkten. Dabei beschreibt dies nicht nur den Zustand zum Zeitpunkt der Unternehmenszusammenführung, sondern hier liegt besonderes Augenmerk auf der Entwicklung der o.g. Werte vor dem Hintergrund bereits geschehener Veränderungen. Es ist die Aufgabe des Change Managements, sich genau damit auseinander zu setzen. Diese Thematik wird Gegenstand späterer Ausführungen sein. Veränderungskultur soll in diesem Zusammenhang werden als Organisationskultur im obigen Sinne verbunden mit der Veränderungshistorie.

Zu beachten ist ferner, dass es bedingte und sehr wohl gestaltbare Einflussfaktoren gibt, die auf eine Unternehmenskultur – und damit auch auf die Veränderungskultur – einwirken. Fundamentale, und damit wenig beeinflussbare, Faktoren sind z.B. Kunden, Produktionsmittel, Personalstruktur, Unternehmensgröße, Nationalität, geographische Lage und Eigentumsstruktur. Unternehmensspezifische und damit beeinflussbare Faktoren hingegen sind u.a.: Verhalten des Managements, Führungsinstrumentarium, Unternehmensziele und -leitbilder, Strategie, Personalpolitik, Arbeitsplatzgestaltung, Entgeltsysteme, Kommunikationspolitik, Regelungsdichte, Gestaltung sozialer Ereignisse. Eine ähnliche Sammlung findet sich bei Robbins[131], der vor allem auf Verhaltensaspekte innerhalb der Organisationskultur abhebt.

Ein weiterer Bestandteil jeder Veränderungskultur ist die Fähigkeit des organisationalen Lernens[132], das nicht nur auf den Weg zu einem Ziel, sondern auch auf die Veränderungen von Zielvorstellungen abstellt. Lernen ist eine wesentliche Instanz zur Festschreibung und Weiterentwicklung der Unternehmenskultur und hat eine hohe Bedeutung für Unternehmen und die Veränderungsbereitschaft der Organisationsmitglieder, die sich über Lernprozesse den organisationalen Umgang mit Veränderungen und entsprechende Einstellungen, Werte und Normen aneignen und sich demgemäß veränderungsfreundlich oder -feindlich verhalten.

Wimmer[133] z.B. beschreibt sehr explizit, wann aus Organisationskulturen schwierige Startpunkte für Veränderungsprozesse abzuleiten sind: So gebe es „[…] Organisationszustände, die für selbstreflexive Prozesse nur sehr schwer oder gar nicht zugänglich sind. Organisationskulturen, die das Denken und Fühlen ihrer Mitglieder ausschließlich auf fehlerfreie Reproduktion des Status quo konzentrieren, in denen eigene Beweglichkeit bestraft wird, die von stark asymmetrischen Machtverhältnissen geprägt sind, die immer wieder ganz bestimmte Ohnmachtserfahrungen reproduzieren, die in gewisser Hinsicht eine positive Besetzung der eigenen Ohnmachts- und Demütigungserfahrungen nahelegen […]." Man tauscht bei solchen Gelegenheiten die Gewissheit aus, dass ohnehin nichts zu machen ist, man versichert sich wechselseitig, wie schlecht es allen geht, wie absolut sinnlos es ist, irgend etwas zu tun, etwas Neues zu versuchen; es ist ohnehin alles zum Scheitern verurteilt".[134] Dies seien Organisationskulturen mit einer hohen Resistenz gegenüber dem Selbststeuerungsmodus der Reflexion.

Eine positive Veränderungskultur be- bzw. entsteht also dann, wenn positive Sichtweisen gegenüber Veränderungen in dem Wertesystem der Organisation verankert sind bzw. werden – nicht nur auf Managementebenen, sondern auch bei Mitarbeitern.

4.4.3 Anforderungen an das Change Management

4.4.3.1 Radikalität und Konzeption der Veränderung

Die Charakterisierung von Veränderungen beinhaltet Aspekte der Beschaffenheit eines Veränderungsansatzes zum einen hinsichtlich seiner Radikalität, also dem Ausmaß und der Tiefe der angestrebten Veränderung, und zum anderen bzgl. des Grades der Tiefe des dahinter liegenden integrativen Konzeptes. Dabei liegt ein weiterer Schwerpunkt auf den Größen der Gestaltung, den organisationalen Faktoren also, auf welche die Veränderung abzielt und bei welchen die Veränderung ansetzt, um in der Organisation eine Veränderung herbeizuführen. Bei der Beschreibung dieser Dimension geht es also zum einen um die Frage, ob ein Veränderungsansatz einen tiefgreifenden und radikalen Wechsel in der Organisation anstrebt oder eher graduelle Anpassungen und Modifikationen des Bestehenden verbunden mit der Frage, ob dabei integrativ und konzeptorientiert vorgegangen wird oder eher pragmatisch und fokussiert auf einzelne Lösungen. Und schließlich ist zu beantworten, ob es sich bei den zu verändernden organisationalen Faktoren um Größen im humanbezogenen und verhaltensbezogenen Bereich oder eher um sogenannte harte Faktoren der Organisation, bei welchen im Sinne einer Bedingungs- oder Verhältnisorientierung angesetzt wird, handelt.

4.4.3.2 Planung und Steuerung der Veränderung

Die Beschreibungsdimension der Planung und Steuerung der Veränderungen bezieht sich auf den Grad an direkter Einflussnahme und -tiefe, die in den Planungsinstrumenten und Steuerungsprozessen reflektiert werden. Das betrifft zum einen die Offenheit oder Flexibilität der Planung des Veränderungsprozesses, zum anderen aber auch das Tempo, mit welchem die Veränderungen umgesetzt werden sollen. Es geht zudem um die Art des Einsatzes von Arbeit und um die Arbeit mit Zielsetzungen sowie letztlich darum, wie die geplante Veränderung über die Zeit angelegt ist, d.h. ob Planungsprozesse eher flexibel im Sinne einer rollenden Planung oder eher starr und getaktet im Sinne einer linearen Folge abzuarbeitender Aufgaben gestaltet werden. Weiterhin kann die Veränderung in gemäßigtem Tempo oder eher zügig durchführt werden. Hinsichtlich der Zielsetzungen ist zu beantworten, inwiefern die Ziele der Veränderung offen gelassen werden bzw. als breiter angelegte Zielbereiche definiert werden oder aber der Veränderungsprozess und entsprechende Aktivitäten auf genau festgelegte Zielvorstellungen hin ausgerichtet sind.
Der letzte Aspekt betrifft die Anlage der Veränderung über die Zeit verbunden mit der Frage, ob die Veränderung auf langfristig-kontinuierliche Entwicklung hin ausgerichtet ist oder ob dabei mit-

tels eines einmaligen Vorgehens abschließend Veränderungen vollzogen werden sollen.

Ein rollend geplantes Vorgehen basierend auf einem gemäßigtem Tempo, das eher offene Ziele hat und langfristig angelegt ist, wird dabei in der Systematik als generell non-direktiver bezeichnet als ein Vorgehen, das linear-sequentiell geplant, schnell mit exakten Zielsetzungen als einmaliges Ereignis durchgeführt wird. Abb. 35 verdeutlicht die Systematik und Zusammenhänge. Die Einordnung der PMI in diese Systematik ist insofern relevant, als sie die Anforderungen an das Change Management und deren Dimensionen innerhalb des Integrationsteams beschreibt und kommunizierbar macht.

4.4.3.3 Kompetenzen

Veränderungsprozesse benötigen Problemlösungen in neuen Situationen und betonen so die Voraussetzung für die selbständige Weiterentwicklung von Wissen und Fähigkeiten.[135] Hieraus entstand der Begriff Kompetenz. Kompetenz geht über den Aufbau von Wissensstrukturen hinaus und beinhaltet auch Motivation zur selbständigen Weiterentwicklung von Wissen und Fähigkeiten. Erpenbeck und Heyse definieren Kompetenz als Selbstorganisationsfähigkeit des Individuums[136].

Kompetenz ist demzufolge nicht nur als Befähigung des Problemlösens sondern auch als Befähigung zum selbständigen Entdecken von Problemen, also zur eigenständigen Schwachstellenanalyse zu verstehen. In der einschlägigen Literatur werden im Rahmen der beruflichen Handelskompetenz fast übereinstimmend vier hauptsächliche Kompetenzbereiche genannt:

- Fachkompetenz – spezifische berufliche Kenntnisse und Fertigkeiten, organisationsprozess-, aufgaben- und arbeitsplatzspezifische Fertigkeiten und Kenntnisse.[137]
- Methodenkompetenz – situationsübergreifend einsetzbare kognitive Fähigkeiten zur Problemstrukturierung und -lösung sowie Entscheidungsfindung.[138]

- Sozialkompetenz – Kommunikationsfähigkeit und Kooperationsfähigkeit, Verantwortungsübernahme, Kollegialität und soziale Unterstützung, Durchsetzungsvermögen und Einfühlungsvermögen.[139]

- Selbstkompetenz – Selbstkonzept eigener Fähigkeiten bzw. berufliche Selbstwirksamkeit.[140]

Der Begriff soziale Kompetenz soll für den weiteren Verlauf bzgl. der Kenntnisse und der Fähigkeiten im Umgang mit anderen Empathie, Menschenkenntnis, Wahrnehmung, Kritikfähigkeit, Selbstdisziplin, Problemlösungsfähigkeit, Planungs-, Steuerungs- , und Organisationswissen, Abstraktionsvermögen und Toleranz beinhalten; in Bezug auf Zusammenarbeit Teamfähigkeit, Kooperation, Konfliktfähigkeit, Interaktions- und Kommunikationsfähigkeit; hinsichtlich Führungsqualitäten Verantwortung, Flexibilität, Konsequenz, Vertrauen, Vorbildfunktion. Die jeweiligen Ausprägungen der verschiedenen Kompetenzen definieren im Wesentlichen die Startposition einer Organisation für einen gesteuerten Veränderungsprozess. Weiterhin zu berücksichtigen sind in diesem Zusammenhang bereits vorhandene Qualifikationen und Erfahrungen, welche die Organisationsmitglieder hinsichtlich der Veränderungsprozesse aufweisen und wie diese Kompetenzen über die Organisation verteilt sind. Die Qualifikationsstruktur gibt Hinweise auf die Verteilung dieser

Kompetenzen in der Organisation.

Der Erfolg Veränderungsprozesses wird maßgeblich bestimmt durch das Vorhandensein des erforderlichen Change Managements und dessen Veränderungskompetenzen. Der Grad der vorhandenen Veränderungskompetenz determiniert mithin auch den Einsatzbedarf externer Berater und ist letztendlich ein wesentlicher Kostenfaktor der Veränderungsprojekte.

4.4.3.4 Partizipation

Die Einbeziehung betroffener Organisationsmitglieder kann hinsichtlich verschiedener Aspekte beschrieben werden. Einerseits wird diese Dimension charakterisiert durch den Grad der Partizipation und der Mitsprache betrieblich Betroffener im Veränderungsprozess. Das Top-Management entscheidet durch Richtungsgebung, ob das Change Management eher partizipativ oder machtorientiert operiert. Die Partizipation kann insbesondere in der Analyse- und Diagnosephase variiert insofern, als die Analyse bzw. Diagnose der Ist-Situation durch externe Instanzen, wie Kunden oder Berater oder aber durch die Mitglieder der Organisation selbst vorgenommen wird. Es stellt sich also im Zusammenhang mit der Dimension der Partizipation Betroffener zum einen die Frage nach dem Grad des Einbeziehens in Entscheidungen sowie zum zweiten nach der Durchführung der Analyse und Diagnose mittels Selbstbeurteilung oder Fremdbeurteilung.

4.4.3.5 Widerstände bei Veränderungsprozessen

Es erscheint offensichtlich, dass die Überwindung von Widerständen bei Veränderungsprozessen bzgl. des Ergebnisses – und damit auch hinsichtlich ihrer Nachhaltigkeit – ein wesentlicher Einflussfaktor ist. Doppler und Lauterburg sprechen im Zusammenhang mit missglückten Prozessen bzw. Prozessausschnitten verursacht durch Widerstände von der Psycho-Logik des Misslingens.[141] Unter Widerstand werden jene Phänomene verstanden, welche der Veränderung entgegenstehen und deren Überwindung Aufwand erfordert, wobei Widerstand gegenüber Veränderungen nicht allein als individuelles oder Persönlichkeitsproblem zu betrachten ist. Bereits Coch und French fanden heraus, dass das Konstrukt Widerstand gegenüber Veränderungen (resistance to change) dann auftritt, wenn Einfluss auf den Einführungsprozess von Veränderungen von den Betroffenen kaum wahrgenommen wird.[142] Veränderungsprozesse lösen durch Neues und Komplexität Unsicherheit aus und häufig implizieren Neuerungen auch die Notwendigkeit für Lernprozesse der gesamten Organisation oder einzelner Mitarbeitern und generieren somit ein gewisses Konfliktpotenzial. Bei der Betrachtung der Gründe für dieses Phänomen sind drei Ebenen zu berücksichtigen: das Individuum, die Gruppe und die Organisation im Sinne von Führungskultur.

- Individuelle Einflussfaktoren
  Um den Veränderungsbedarf zu erkennen, ist eine Wahrnehmung für das vorliegende Problem erforderlich. Anstehende Probleme werden als zu bisherigen Erfahrungen differierende Informationen wahrgenommen, die nach neuen Problemlösungen verlangen, wobei die Wahrnehmung für Veränderungsnotwendigkeiten durch die eigene Rolle ge-

steuert wird. Wird es nicht als Teil der eigenen Aufgabe angesehen, Dinge zu verändern, so wird die Umgebung kaum auf Veränderungsbedarf überprüft. Es zeigt sich weiterhin, dass das Bewusstsein der Notwendigkeit von Veränderungen und deren aktive Unterstützung als umso fördernder wahrgenommen wird, je höher die Hierarchieebene ist.[143]

Barrieren und Widerstände müssen bei fast jedem Veränderungsprozess – insbesondere bei einem so tiefgreifenden wie der Schaffung eines neuen Wertesystems – überwunden werden. Es muss demzufolge in hohem Masse individuelle Durchsetzungs- und Überzeugungsarbeit geleistet werden. Dabei stehen im Zentrum des Geschehens Personen oder Personengruppen, welche aktiv und fördernd den Veränderungsprozess starten, vorantreiben und bis zum Implementierungsvollzug unter Überwindung von Widerständen durchsetzen. Dies gelingt i.d.R. nur dann, wenn die handelnden Personen zwei Dinge besitzen: Instanzielle Macht und die Fähigkeit der positiven Wahrnehmung einer Selbstwirksamkeit.

Das Erleben der Selbstwirksamkeit hängt mit Selbsturteilen bezüglich Aktivitäten zusammen, die erforderlich sind, um Probleme zu bewältigen. Die Wahrnehmung von hoher Selbstwirksamkeit verursacht, dass Problemerkennung, Leistungslücken und Veränderungsbedarf mit mehr Motivation angegangen werden. Wenig Selbstwirksamkeitserleben führt in Veränderungsprozessen, die i.d.R. mit Unsicherheit und Widerständen verbunden sind, zu einer stärkeren Wahrnehmung von Barrieren und reduziert so die Wahrnehmung des Nutzens von Veränderungen, denn wenn die Betroffenen Ziel nichts Attraktives abgewinnen können, dann muss da-

117

von ausgegangen werden, dass keine Veränderungsenergie entsteht.

Die persönliche Bedeutung sowie die Unsicherheit hinsichtlich möglicher persönlicher Konsequenzen verursacht durch anstehende Veränderungen und die damit verbundene Unkontrollierbarkeit der Situation verstärkt den individuellen Widerstand. Gründe für Widerstand bei Betroffenen gegen Veränderungen sind oftmals ein Angriff auf die eigenen Interessen, die Scheu vor dem Risiko sowie Angst vor Statusverlust oder Angst vor materiellen Verlusten, aber auch Angst vor dem Verlust von Sicherheit, Autonomie und Anerkennung, sowie die Angst, neue Herausforderungen nicht bewältigen zu können. „Je einschneidender und radikaler sich die Veränderung auf Arbeits- und Lebensumstände auszuwirken droht, als desto brutaler wird der Eingriff erlebt."[144] Das Widerstandspotenzial kann umso größer sein, je ernsthafter die persönliche Situation als gefährdet empfunden wird und je kürzer die Vorbereitungszeit ausfällt, um sich auf die Veränderung einzustellen. Im Zusammenhang mit der Kürze der Vorbereitungszeit sprechen Doppler und Lauterburg von Kaltstarts, die den Betroffenen nicht die Zeit lassen, den Sinn der Veränderung einzusehen. Angst und Abwehr seien damit als natürliche Reaktion und „[…] natürlicher Mechanismus zum Schutz des bedrohten Sinnzusammenhangs"[145] zu betrachten. Hinzu kommt häufig auch die mangelnde Möglichkeit, eigene Bedürfnisse zu artikulieren und Erfahrungen einzubringen. Widerstand entsteht ebenfalls dann, wenn über die Köpfe hinweg entschieden wird, die Beschäftigten mithin die Kontrolle über anstehende Entscheidungen nicht haben.

Widerstände treten am stärksten in der Implementierungsphase eines Veränderungsprozesses auf, weil in dieser Phase konkrete Verhaltensänderungen notwendig werden. Doppler und Lauterburg sprechen von einer verschlüsselten Botschaft, mittels derer negative Emotionen im Zusammenhang mit der Veränderung transportiert werden. Diese Botschaften können in aktiver oder passiver, in verbaler oder nonverbaler Form gesendet werden. Defensives Verhalten ist eine weitere Variante verschlüsselter Botschaften und somit eine Art von Widerstand, die Veränderungen vermeiden soll. Hier wird dann der eigene Aufgabenbereich beschützt und im Zweifelsfalle wird die Verantwortung zur Erfüllung einer Aufgabe von sich mit der Begründung abgewiesen, das gehöre nicht zum Job.

Eine weitere Ausdruckform des Widerstandes ist die Resignation bzw. Kontrollverzicht bis hin zur Entfremdung von der eigenen Arbeit mit der Konsequenz, dass nur noch versucht wird, den Status quo zu halten und Arbeitsaktivitäten verweigert werden, die über die Minimalanforderungen hinausgehen – bis hin zur inneren Kündigung. Hinzu kommen mögliche Überbelastungssymptome wie steigende Fehl- oder Krankheitszeiten bis hin zum Burn-out-Syndrom resultierend aus Unsicherheit verbunden mit Mehrarbeit.

Eine individuelle positive Annahme von Veränderungen wird vor allem – wie bereits ausgeführt – durch einen partizipativen Führungsstil und andere motivierende Faktoren verstärkt. Motivierte und kreative Mitarbeitende gelten als Motoren von Veränderungen.[146] Letztlich sind natürlich auch die bei den Betroffenen vorhandene Qualifikationen und Kompetenzen der Betroffenen zu berücksichtigende Einflussfaktoren.

- Gruppenbasierte Einflussfaktoren
Die Kommunikation wurde als wesentlicher Bestandteil des Change Managements grundsätzlich bereits in Abschnitt 3 dargestellt. Im Zusammenhang mit der Erläuterung von Widerständen, die auf Gruppenverhalten basieren, ist allerdings die im Folgenden weitere Differenzierung erforderlich.

Intensität der Kommunikation – Kommunikation dient in diesem Zusammenhang der Generierung der zur Problementdeckung sowie Problemlösung notwendigen Informationen,[147] wobei ein intensiver Informationsaustausch mit möglichst verschiedenen Personen zu einer Vermehrung des Wissens führt, ohne das innovative Prozesse nicht entstehen können. Weiterhin hat sich herausgestellt, dass die Qualität, in der miteinander gesprochen wird (Dialog statt Diskussion) dazu führt, offener zu sein, eigene Ideen zu reflektieren und weitere Informationen zu verarbeiten, was zu qualitativ besseren Lösungen führen kann. Intensität drückt sich auch aus in der Häufigkeit der Kommunikation über das Veränderungsvorhaben und die damit verbundenen Ziele aus.

Richtung und Auslöser der Kommunikation – Die Struktur einer Organisation beeinflusst die Kommunikationskanäle, -häufigkeiten, und deren Inhalte.[148] Demzufolge stellt ein hoher Zentralisierungsgrad bzgl. der Entscheidungsgewalt meistens eine hohe Barriere für die kommunikativen Prozesse dar. Man erkennt in der Praxis oft, dass sowohl bei Aufwärts- wie Abwärtskommunikation inhaltliche Filterungen stattfinden, wobei Vorgesetzte den nach unten fließenden Kommunikationsanteil größer einschätzen als ihre Mitarbeiter. Wenn Kommunikation den Veränderungsprozess unterstützen soll, darf sie nicht ausschließlich auf den normalen formalen Wegen stattfinden. Vielmehr sollte ein informeller Informationsaustausch über Hierarchieebenen hinweg sowie zum Top Management gewährleistet sein. Informationen bezüglich neuer Ideen und Entwicklungen fließen in innovativen Organisationen sowohl in horizontaler Richtung als auch in vertikaler Richtung, also abteilungs- oder gruppenübergreifend von Mitarbeitern in die Entscheidungsprozesse der Vorgesetztenebenen und als Feedback von da wieder zurück. Entsprechend gelten Feedbackschleifen als Grundvoraussetzung für einen erfolgreichen Prozessverlauf und das Lernen in Organisationen. Hier ist vor allem das Management gefragt, Kommunikation sowohl in vertikaler als auch horizontaler Richtung zu fördern, was einen regelmäßigen Kontakt mit den Mitarbeitern erfordert, der gerade in Krisenzeiten und bei kritischen Veränderungen vom Management nicht gelebt wird.

Offenheit und zeitnahe Kommunikation – Ein wesentliches Charakteristikum der Kommunikation in Veränderungsprozessen ist der Grad der Offenheit, d.h. dass Informationen von verschiedenen Personen auch wirklich vollständig ausgetauscht werden. Jedoch ist eine offene Kommunikation in einem Umfeld diametral entgegengesetzter Interessen nicht selbstverständlich. Offenheit braucht Vertrauen, aber: Je offener kommuniziert wird, desto sicherer fühlen sich die Betroffenen innerhalb der Gruppe und gegenüber den Vorgesetzten. Gelingt es nicht, eine offene Kommunikation zu praktizieren, entstehen nicht nur Bedenken über mögliche negative Konsequenzen sondern es werden konstruktive Ideen zurückgehalten und Informationen generell reduziert.

Erst bei Funktionieren der o.g. Kommunikationsaspekte kann die für erfolgreiche Veränderungsprozesse notwendige interne Kooperationskultur, die vor allem für gemeinsame Problemlösungen Grundvoraussetzung ist, entstehen. Ohne eine adäquate Kooperationskultur entstehen eher Standardlösungen für ein Problem anstatt neue kreative Ansätze und der Hang zu Konformität und Gruppennormen,[149] die wiederum nicht nur die Lösung eines Probelems beinträchtigen, sondern schon die Definition. Gleiches gilt für konfliktbehaftete und kompetitive Beziehungen zwischen den einzelnen Gruppenmitgliedern. Eine weitere Rolle spielt die wahrgenommene Sicherheit innerhalb der Gruppe (partizipative Sicherheit), die eben auch innovationsfördernd wirkt.

Letztlich ist die Existenz einer übergeordneten Version und von Gruppenzielen ein signifikanter Einflussfaktor,[150] wobei die Gruppenmitglieder in die Vereinbarung der (Veränderungs-)Ziele involviert sein müssen und diese Ziele akzeptieren sollten. Ein gutes Instrument in diesem Zusammenhang ist die Einführung eines individuellen Performance Contracts, der sowohl individuelle also team- oder gruppenorientiere Ziele qualitativ und quantitativ beschreibt. Allerdings muss auch eine Erreichbarkeit der Ziele gewährleistet sein.

- Einflussfaktoren im Führungsbereich
  Wie bereits ausgeführt, ist eine partizipative Veränderungsprozessgestaltung verbunden mit dem Bedürfnis, potentielle Widerstände Betroffener abzubauen, die Fachkompetenz der Betroffenen zu nutzen und sie zum Umgang mit Neuerungen zu befähigen. Es konnte in Untersuchungen gezeigt werden, dass Rückkopplungsprozesse im Rahmen von survey feed-

back-Prozessen die Motivation der Beschäftigten bzgl. der Auseinandersetzung mit einer Veränderung ihres Arbeitsplatzes nach dem erfolgten Feedback anstieg.[151] Eine partizipationsorientierte Führungskraft, die in Veränderungsprozessen auf Selbststeuerung statt hierarchische Kontrolle setzt, erlebt einen Rollenwechsel vom Manager zur Führungspersönlichkeit (Change Coach im weiteren Sinne) und muss sich weiterhin dazu entwickeln, selbstorganisierte Teams in dieser Rolle zu führen. Entsprechend führt dies auf Leitungsebenen zur verstärkten Forderung nach Sozialkompetenz. Transparente Informationen und Kommunikation sind zwei wesentliche Faktoren des Führungsverhaltens in Veränderungsprozessen. Unterlassungssünden im Sinne von nicht gegebenen Feedbacks von Führungskräften und konsequenterweise fehlender Feedbackschlaufen hinsichtlich des Verhaltens von Mitarbeitern blockieren gewünschte Entwicklungen und führen bei längerer Unterlassung zu einer Lähmung der Beteiligten. Häufig werden aber gerade schlechte Nachrichten vom Management nur ungern offen kommuniziert; es wird immer nur so viel kommuniziert, wie sich gerade nicht vermeiden lässt - Taktik der Wahrheit auf Raten verbunden mit der Furcht vor Akzeptanzverlust und einem mangelnden Vertrauen in die Belastbarkeit des Systems ab.

- Unterstützende und blockierende Faktoren in Veränderungsprozessen
  Die bisherigen Ausführungen zeigen, dass Unterstützung – insbesondere durch das Management – ein wesentlicher Faktor in Veränderungsprozessen ist. Es konnte empirisch bestätigt werden, dass Unterstützung durch das Top-Managements die restlichen Führungskräfte Veränderungs-

prozesse erfolgreicher gestalten lässt.[152] Führungskräfte, insbesondere der obersten Stufe haben alleine aus ihrer Position heraus die Möglichkeit, als Promotoren einer Veränderung diese direkt voranzutreiben. Eine indirekte Veränderungen unterstützende Wirkung erzielen sie, indem sie einen positiven Einfluss auf die Entwicklung einer Unternehmenskultur nehmen (Kulturgestalter), die Selbstverantwortung, Eigeninitiative und Selbststeuerung der Mitarbeiter fördert sowie Lernprozesse anstößt und zulässt. Allerdings gilt dies natürlich auch mit umgekehrten Vorzeichen, was zu Blockaden bei Veränderungsprozessen führt. Dann nämlich, wenn gerade Führungskräfte als Veränderungshemmer auftreten: Es sind dies zum einen Stolz auf alte Erfahrungen oder negativ ausgedrückt Rückwärtsgewandtheit, welche Erkenntnisse blockieren oder verhindern, dass sie in stringent umgesetzt werden. Weitere Hemmnisse für Veränderungsprozesse sind Ordnungsdenken von Bürokraten, aber auch aufgrund langjährigen Sozialisierungsprozesse die Werte Anstand und Anpassung, mit Hilfe derer sich heute ältere Manager hochgedient hatten, die in dieser Ausprägung allerdings den heutigen Bedürfnissen nicht mehr dienen. Das schließt jedoch keineswegs aus, dass auch jüngere Führungskräfte. aus Angst vor Kontrollverlust und/oder Statusverlust sowie um der Besitzstandwahrung willen Veränderungsprozesse blockieren.

4.4.3.6 Wenn aus Problemen Wünsche werden

Es gibt in der Literatur und in der Praxis eine große Anzahl von Instrumenten, die sich Veränderungen von Unternehmenskulturen

124

und den damit einhergehenden Changeprozessen auseinandersetzen. An dieser Stelle soll ein Ansatz hervorgehoben werden, der sehr praktikabel ist und signifikant Teambildung und Motivation zur Veränderung unterstützt.

Normalerweise beginnt die Art von Veränderungsprojekten, um die es hier geht, mit der Definition eines Problems. Daran hat sich nichts geändert auch wenn man dieses neudeutsch "Herausforderungen" nennt. In Teams hat man dann aber oft die Schwierigkeit, von der Problem- zur Lösungsorientierung zu kommen. Die "Wertschätzende Organisationsentwicklung" verfolgt den Ansatz, nicht Probleme, sondern eigene Stärken und Potentiale an den Anfang der (Projekt-)Arbeit zu stellen. Wie sieht so eine Zusammenarbeit aus? Kann das funktionieren?

Die Grundidee der wertschätzenden Organisationsentwicklung (Appreciative Inquiry) ist relativ einfach: Menschen und Systeme bewegen sich in die Richtung, in die sie schauen und die Fragen, die wir stellen, entscheiden darüber, was wir anschließend finden. AI konzentriert sich daher auf die Stärken, das Positive, das Potenzial eines Systems (z. B. Unternehmen, Organisation, Person) und stellt gerade nicht die negativen Punkte in den Vordergrund. Im Gegensatz zu traditionellen Ansätzen werden beim AI Probleme nicht direkt bearbeitet und gelöst, sondern in Änderungswünsche umformuliert.

AI wurde bereits Mitte der 80er Jahre in den USA entwickelt und ist eine Großgruppenmethode, in deren Mittelpunkt wertschätzende Interviews stehen. Allem Gesagten bzw. Handeln wird eine plausible Absicht zu Grunde gelegt, d. h. jeder Mensch agiert nach ihm schlüssigen Motiven (Vorerfahrungen). Dabei wird grundsätzlich eine positive Absicht unterstellt, was sich in einer wertschätzenden

Haltung gegenüber dem Gesprächspartner äußert. Während eines solchen Wertschätzenden Dialogs wird der Fokus auf Kompetenzen und Möglichkeiten anstatt auf Defizite gelenkt und dadurch Potenziale und autonome Selbstorganisationskräfte (lernende Organisation) gefördert. Bei AI handelt es sich um ein einfaches Interviewinstrument, bei dem im Gegensatz zu traditionellen Verfahren der Organisationsentwicklung, die einseitig von der Analyse von Problemen ausgehen, die Organisation nicht als defizitäres System betrachtet wird. Der Fokus wird also auf Kompetenzen und Möglichkeiten anstatt auf Defizite gelenkt, um dadurch Potenziale und autonome Selbstorganisationskräfte (lernende Organisation) zu fördern. Durch diese positive Betrachtungsweise entsteht eine wertschätzende Atmosphäre. Sie verhindert den Aufbau von Abwehrroutinen vermieden und lässt ein positives Innovationsklima entstehen. Dabei zielt diese Vorgehensweise keineswegs darauf ab, Schwächen zu ignorieren oder zu negieren. Vielmehr wird durch die lösungsorientierte Haltung und der Konzentration auf das Positive und Erhaltenswerte Energien zum Ausbau der Stärken geweckt bei gleichzeitigem impliziten Abbau von Schwachstellen. Im wertschätzenden Interview werden durch das gezielte Stellen von Fragen diejenigen Faktoren erkundet, die verstärkt werden sollen.

AI lässt sich in 5 Phasen einteilen:

- Definition / Benennung der Themen: Gemeinsame Festlegung des Projektfokus und damit Beschreibung der Themenfelder, die zur Stärkung der Organisation bearbeitet werden sollen. Hierbei wird - wie auch in allen anderen Phasen des Prozesses, besonders darauf geachtet, dass die nötigen Voraussetzungen dafür gegeben sind, die Perspektiven aller Beteiligten einfließen zu lassen.

- Discovery / Entdecken, Verstehen, Wertschätzen: Diese Phase beginnt mit Interviews (wertschätzender Dialog), um heraus zu arbeiten, welches Handeln oder welche Projekte in der Vergangenheit zum Erfolgen geführt haben. Diese Phase kann beispielsweise mit der kreativen Methode des Bildermalens gestaltet und mit Hilfe von ressourcenorientierten Fragen ausgewertet werden. Hier wird auch identifiziert, welche Faktoren der Schlüssel zu dem jeweiligen Erfolgen waren.

- Dream /Vergangenheit und Zukunft verbinden: Die positiven Entdeckungen der zweiten Phase bilden die Basis für die sich anschließende Phase des Visionierens, das auf eine Beschreibung der Organisation nach Verstärkung der erkundeten Erfolgsfaktoren abzielt. Welche Idealvorstellung besteht z.B. hinsichtlich einer erfolgreichen internen Kommunikationsstrategie oder der Durchführung von Mitarbeitergesprächen, und inwieweit weicht der aktuell erlebte Ist-Zustand von dem idealen Soll-Zustand ab?

- Design und Delivery / Konkrete Ziele benennen und implementieren: In der vierten und fünften Phase wird eine ausgewählte Vision konkretisiert und erarbeitet, welche Maßnahmen erforderlich sind, um diese Vision praktisch umzusetzen. Gemeinsam werden Maßnahmen benannt sowie Prozesse und Strukturen entworfen (Teamsitzungen, institutionalisierte, leitfadengestützte Mitarbeitergespräche, Zielvereinbarungs-gespräche), die die Umsetzung der Vision gewährleisten. In der vierten Phase werden ggf. auch Maßnahmen geplant und Projekte angestoßen, die zur Stabilisierung einer wertschätzenden Unternehmens- oder Organisationskultur notwendig sind.

Ein Fallbeispiel (in vereinfachter Form) mag die Vorgehensweise noch ein kurz erläutern:

- Definition: Eine internationale Fluggesellschaft untersuchte mit ausgewählten Mitarbeitern das Thema "Vorzüglicher Service". Ein kurzes Vorwort im Interview-Leitfaden dient der Erläuterung: Das Vorwort - Fluggesellschaft XY will eine außergewöhnliche Reiseerfahrung sowohl in der Luft als auch auf dem Boden vermitteln. Wir wollen die Erwartungen unserer Kund/innen auf allen Etappen der Reise übertreffen. Wenn wir dies schaffen, sind unsere Kunden überzeugt, dass wir echt an ihnen interessiert sind. Sie spüren, dass sie der Zweck unseres Geschäfts sind und dass wir sie schätzen.

- Discovery: Nun die Fragen: Beschreiben Sie eine Zeit, als Sie persönlich die Erwartung eines Kunden / einer Kundin übertrafen und ausgezeichneten Kundendienst leisteten. Was machte diese Erfahrung unvergesslich? Beschreiben Sie die Situation. Wer war beteiligt? Was war die Reaktion des Kunden / der Kundin? Was war Ihre Rolle und wie fühlten Sie sich? Durch die Interviews in der ersten Konferenzphase werden die Teilnehmer an Begebenheiten erinnert, die bereits tatsächlich im besten Sinne des zu untersuchenden Themas (hier: Vorzüglicher Service) stattgefunden haben. Durch das gegenseitige Erzählen von wahren Geschichten (Storytelling) beginnt ein positiver Wandel im ganzen Unternehmen. Denn es wird nicht nur nach der Geschichte an sich gefragt, sondern auch danach, was dieses Erlebnis möglich gemacht hat. So werden die Erfolgsfaktoren herausgefunden. Alle Beteiligten lernen aus den (Einzel-)Erfolgen anderer. Die darunterliegende Frage lautet immer: Was gibt unserer Organisationen (bzw. diesem Thema) Leben? Welches sind die vitalisierenden Kräfte?

- Dream: "Es ist das Jahr 2010. Unsere Fluggesellschaft hat soeben einen Preis für die kundenfreundlichste Fluglinie entgegengenommen. Was haben wir getan, um dieses Ziel zu erreichen? Welche Entscheidungen wurden getroffen? Was ist heute anders? usw."

- Design und Delivery: "Jede Kundenanfrage, -nachfrage und -problemstellung ist für uns eine willkommene Gelegenheit, in direkten Kontakt mit unseren Kunden zu kommen und ihnen dort zu helfen, wo sie es am meisten wertschätzen." Es geht hier darum, weder Platitüden noch spezifische Maßnahmen zu formulieren. Design Statements sind Grundüberzeugungen einer Organisation darüber, wie das Denken und Handeln in Zukunft aussehen wird. Zum Abschluss eines AI-Summit wird das Schicksal einer Organisation (bzw. eines bestimmten Themas) zur Umsetzung in die Hände der Beteiligten gelegt. Die als Delivery bezeichnete Phase läutet Fragen der Umsetzung ein.

4.5 Förderung von Diversität

Zu den Erfolgsfaktoren in kulturellen Veränderungsprozessen zählt auch das Wertschätzen von Andersartigkeit als eine Chance für Neues und die interkulturelle Kompetenz zur Gestaltung von Systemen. Die auf den ersten Blick bei rein ökonomischer Betrachtung vergleichbaren oder ähnlichen Realitäten verbergen die auf persönlicher Ebene dahinter liegenden deutlich unterschiedlichen Formen des Betroffenseins, die es in der Zusammenarbeit zu berücksichtigen gilt. Die Schöpfung von Werten basiert sicherlich auf neuen Ideen und Technologien, aber vor allem auf radikal und qualitativ neuen Kombinationen von Ressourcen freigesetzt durch Neugier, Willen und emotionaler Bereitschaft von Menschen in einem interkulturellen Beziehungsfeld statt auf einer Absicherungs- oder Abschottungsmentalität. Das dominant vorherrschende Paradigma doing more of the same muss durchbrochen werden durch ein ganzheitliches Wertschöpfungsparadigma oder durch die von John Elkington formulierte Integration von Ökologie, Ökonomie und Sozialem.

Organisationen erfahren derzeit einen Wertewandel durch im Vergleich zu früher unterschiedliche Werte- und Karriereorientierungen, Lebensstile und Ansprüche. Damit werden tradierte Normen, Prinzipien und Werte sowie die darauf aufbauenden Deutungs- und Handlungsmuster zunehmend aufgelöst. Organisationen werden z.B. auch lernen müssen, dass vor dem Hintergrund der demographischen Trends die Rekrutierung und vor allem die langfristige Bindung von Fach- und Führungskräften beiderlei Geschlechts zu einem der wesentlichen Erfolgsfaktoren der Zukunft wird.[153] Gleiches gilt auch für die Einbeziehung ethnischer Vielfalt bzw. „Diversity and Inclusion" bedingt durch eine mit der Globalisierung verbundene stärker praktizierte Mobilität und der daraus resultierenden Ansprüche an ein interkulturelles Management.

Insofern entwickelte sich in den letzten Jahren ein weiteres Element der Sozialkompetenz aus den Themenbereichen Gender und Diversität unter der Grundannahme, „[…] dass die bewusste Wahrnehmung und Berücksichtigung von Identität und Lebenslage jedes Beschäftigten dazu führen wird, dass die angestrebten Unternehmenserfolge besser und schneller erreicht werden. Insgesamt soll damit eine produktive Arbeitsatmosphäre im Unternehmen ermöglicht werden, die sich insbesondere durch Diskriminierungsfreiheit, Chancengleichheit und Empowerment auszeichnet."[154] Trotz oder gerade wegen der rasch voranschreitenden Globalisierung werden kulturelle Eigenarten künftig noch mehr betont und gepflegt werden – der Diversitäts-Aspekt steigt somit in seiner Gewichtigkeit. Im Gegenzug zur internationalen Vernetzung wird immer bewusster das Eigene, das Lokale als Möglichkeit der Selbstvergewisserung, als Ruhe gewährender Anker verstanden. Demzufolge wird es immer wichtiger werden, die Besonderheiten der eigenen und anderer Kulturen zu kennen und im Bewusstsein dieser Verschiedenheit nach dem Gemeinsamen zu suchen: Ein tieferes Verständnis kultureller Zusammenhänge und interkultureller Handlungskompetenz sind wesentliche Voraussetzungen hierfür. Konsequenterweise sollte bei Unternehmenszusammenführungen in der PMI diesen Aspekten ganz besonders Rechnung getragen werden, da auf die Nutzung von Diversitäts-Potenzialen nicht mehr verzichtet werden kann.

Da die bisherigen empirischen Befunde zum Diversitäts-Management nur Tendenzaussagen erlauben,[155] wird argumentativ versucht, einen Zusammenhang zwischen Diversitäts-Management und unternehmerischem Erfolg herzustellen. Dabei lassen sich die regelmäßig vorgebrachten Nutzenargumente für Diversitäts- Management in fünf Kategorien einteilen:[156]

- Senkung von direkten und indirekten Kosten – die Wertschätzung aller Mitarbeiter steigert Motivation und Arbeitszufriedenheit und führt infolgedessen zu einer Reduzierung von Absentismus und Fluktuationsneigung.

- Erleichterung des Zugangs zu (neuen) Kunden und Märkten – eine vielfältig zusammengesetzte Belegschaft erlaubt es, flexibel auf heterogene Kundenbedürfnisse zu reagieren und Mitglieder von Subkulturgruppen für die gezielte Ansprache von Kunden der jeweiligen Subkultur zu nutzen.

- Steigerung der Arbeitgeberattraktivität – multikulturelle Aufgeschlossen-heit und Offenheit fördern die Entwicklung einer Arbeitgebermarke, die alle verfügbaren Arbeitsmarkt-potenziale anspricht.

- Förderung von Kreativität und Innovation – die breitere Wissensbasis gemischt zusammengesetzter Teams erlaubt Synergie-Effekte und steigert die Qualität und Tragfähigkeit von Problemlösungen.

- Verbesserung der Reaktionsflexibilität – die Auseinanderset-zung mit vielfältigen Sichtweisen erhöht die kognitive Fle-xibilität sowie die Ambiguitätstoleranz der Mitarbeiter und fördert somit die Fähigkeit, sich an wandelnde Umweltbe-dingungen anzupassen.

- Bei den dargelegten Nutzenargumenten handelt es allerdings sich im Wesentlichen um Einzeleffekte und entsprechend stellt sich angesichts der Vielzahl von auf den Unterneh-menserfolg einwirkenden Faktoren die Frage, inwieweit eine empirisch gesicherte Kausalität zwischen Mitarbeiter-Diversity und unternehmerischen Erfolgsgrößen (z.B. EBIT) insgesamt begründbar und somit die ökonomische Vorteil-haftigkeit von Diversity Management überhaupt quantifizie-rend nachweisbar ist.

132

4.6 Transparentes Risikomanagement

Eine weitere Randsportart, die nur selten erfolgreich betrieben wird, ist ein umfassendes und über den gesetzlichen Rahmen hinausgehendes Risikomanagement in den Unternehmen. Es wird offensichtlich, dass sich die Risikolandschaft für Unternehmen in den letzten Jahren signifikant verändert hat. Neben den ökologischen Megatrends wie Klimawandel und Ressourcenverknappung im Zusammenhang mit rasant wachsenden Weltbevölkerung und deren Ansprüchen führt die kurzfristige Renditeoptimierung zu völlig neuen langfristigen Marktentwicklungen. Hinzu kommt eine steigende staatliche Regulierung, die die Risiken aus volkswirtschaftlicher Sicht begrenzen wollen. Werden diese Entwicklungen nicht beachtet oder falsch eingeschätzt, können ernstzunehmende Geschäftsrisiken für Unternehmen entstehen und dies stellt die Unternehmen vor große neue Herausforderungen bei der Marktanalyse und Entscheidungsfindung – für diese Entwicklungen müssen auf strategische, konzeptionelle und operative Antworten gefunden werden.

Den gewohnten Verantwortungsrahmen zu erweitern, ökologische und soziale Risiken zu identifizieren, um ihre Relevanz für das Unternehmen zu bewerten und daraus nachhaltige Geschäftsmodelle zu entwickeln, wird zur zentralen Aufgabe von Unternehmen. Denn der Umfang, indem sie sich heute den veränderten Rahmenbedingungen und dem wachsenden Spektrum an Umfeldrisiken stellen, entscheidet über ihre Wettbewerbsfähigkeit und den Erfolg von morgen.

Ein formales Risikomanagement allein, wie z.B. nach ISO 31.000, ermöglicht es den Unternehmen nicht, die neuen und veränderten Risiken zu managen. Schließlich konnten die bestehenden

Risikomanagementsysteme die globale seit 2008 bestehende Krise weder vorhersehen noch verhindern. Einerseits, weil sie nur das erkennen, was sie kennen – das heißt, weil sie sich überwiegend an Daten und Erfahrungen aus der Vergangenheit orientieren. Andererseits, weil sie langfristige Trends in ihrer Tragweite nicht erkannt und weitergedacht und ihre Folgen nicht entsprechend bewertet haben. Konzepte, die die Verantwortung von Unternehmen umfassender verstehen, können diese Risikolücken eher schließen, da sie die Wahrnehmung künftiger Trends in den Unternehmen schärfen und ökologische, soziale und gesellschaftliche Aspekte im Interesse einer nachhaltigen Entwicklung konstruktiv in die Geschäftsstrategie einbeziehen.

Der zentrale Aspekt für ein umfassendes Verständnis von unternehmerischer Verantwortung ist die Langfristigkeit der Betrachtung. Um sich wirksame Ziele zu setzen und Maßnahmen daraus abzuleiten, sollten die Entwicklungen mindestens der nächsten 10 Jahre beobachtet werden. Das in vielen Unternehmen verbreitete formale Risikomanagement betrachtet dagegen in der Regel nur die nächsten 2 Jahre, wie es beispielsweise das Gesetz zur Kontrolle und Transparenz im Unternehmensbereich (KonTraG) von 1998 für eine formal dokumentierte Risikofrüherkennung zu bestandsgefährdenden Risiken verlangt. Das Bilanzrechtsmodernisierungsgesetz von 2009 hat die gesetzlichen Anforderungen u.a. dahingehend erweitert, dass nun ist auch der Aufsichtsrat verpflichtet ist, sich über die Wirksamkeit des Risikomanagements zu informieren.

Es hat sich mittlerweile gezeigt, dass Unternehmen, die über Konzepte der Übernahme gesellschaftlicher Verantwortung (CSR) verfügen, einen erweiterten Blick auf die Entwicklungen in ihrem Umfeld haben und in längerfristigen Perspektiven denken. Sie können damit ihre Entscheidungen auf einer besseren Grundlage treffen. Sie sind sich nicht nur der kurzfristigen Risiken im Kontext des

Umweltschutzes bewusster, sondern erkennen auch klarer, welche langfristigen Implikationen mit den Megatrends der Nachhaltigkeit wie dem Klimawandel, der Ressourcenverknappung und der demografischen Entwicklung verbunden sind.

Die Umfeldradarfunktion des CSR leistet einen wichtigen Beitrag zur Reduzierung von Risiken. So sind zum Beispiel die von den CSR-Verantwortlichen initiierten Stakeholder dialoge nicht allein für das Erkennen und den Umgang mit Stakeholderanforderungen und -bedürfnissen wichtig, sondern können auch als Frühwarnsystem für die Unternehmensstrategie und einzelne Geschäftsprozesse dienen. Wesentlich scheint auch immer mehr zu sein, dass die gesamte Organisation eines Unternehmens nicht nur die langfristige Strategie kennt – und verstanden hat! – sondern auch alle damit verbundenen Risiken.

Die Risikolandschaft für Unternehmen hat sich in den vergangenen Jahren fundamental verändert. Die Liste der Geschäftsrisiken wird seit einigen Jahren nicht nur von den Effekten der Globalisierung und den Auswirkungen der Finanzkrise geprägt, sondern immer stärker auch von den Megatrends der Nachhaltigkeit. Dies gilt es, transparent darzustellen und zu kommunizieren.

4.7   Einbeziehung des demographischen Faktors

Was braucht es noch? Auf jeden Fall Neugier und Flexibilität. Menschen und Unternehmen müssen sich eine grundsätzliche Haltung von Neugier bewahren. Unternehmen brauchen Freiräume für verantwortungsbewusstes Experimentieren. Wie können wir alchemistisches Handeln als Grundlage für Innovation und Veränderung

135

in Unternehmen zulassen? Das kann nur geschehen, wenn Führung und Unternehmensverständnis das Experimentieren als integralen Bestandteil ihres Selbstverständnisses akzeptieren. Oft zu beobachten dominieren vertikale Organisationsstrukturen, die nebeneinander operieren. Die Energie, die positiv genutzt werden könnte, verliert sich in Grabenkämpfen und politischen Ränkespielen. Weitere Dynamik erhält dieses Szenario vor dem Hintergrund der globalen Wettbewerbssituation, insbesondere mit Tigerstaaten und Schwellenländern Asiens. Es ist unstrittig, dass die Staaten Asiens über ein ungeheuer großes Potenzial gut ausgebildeter junger Menschen verfügen, während in Deutschland ein signifikanter Anteil der Jugendlichen von Globalisierung noch nichts gehört haben. Hinzu kommt die demografische Entwicklung: hier ein zusehends vergreisendes und schrumpfendes Europa, dort in Asien ein Millionen starkes Potenzial junger, dynamischer, schon heute gut und künftig noch besser ausgebildeter Mitarbeiter und Manager für global agierende Unternehmen. Die Konsequenzen dieser emergenten Realität sind bisher noch nicht in vollem Umfang verstanden worden. Die faktisch existenten Parallelräume mit ihren synchronen Realitäten müssen zueinander in Beziehung gebracht werden. Nur so können neue Möglichkeiten integrierter Wertschöpfung entstehen, für die die Anwendung der klassischen technischen und zahlenorientierten Instrumente nicht mehr ausreichen. Die Beharrlichkeit in saturierten Gesellschaften und insbesondere in Unternehmen muss einer neuen Haltung weichen – geprägt durch Anteilnahme und Augenmerk, Neugier und Inspiration sowie Passion und Flexibilität.

4.7.1 Ökonomische Trends

Inwieweit die Internationalisierung z.B. in der deutschen Wirtschaftslandschaft fortgeschritten ist, zeigen vor allem Indikatoren wie die Exportquote, Auslandsinvestitionen sowie die Anzahl getätigter Fusionen bzw. deren Kapitalwert. Seit den 70er Jahren ist die Exportquote kontinuierlich gestiegen ebenso wie Auslandsinvestitionen. Hinsichtlich des Investitionsmotivs zeigen die im Ausland investierenden Unternehmen Veränderungen: Während in der Vergangenheit vielfach in die Produktion investiert wurde, scheint in Zukunft der Funktionsschwerpunkt „Vertrieb und Kundendienst" an Bedeutung zu gewinnen. Und es wird auch deutlich, dass Internationalisierung betriebliche Realität ist und die deutsche Wirtschaft im Vergleich zu vielen anderen Ländern in der höchsten Liga der internationalen Wirtschaftsbeziehungen spielt. Dies wird sich in den nächsten Jahren nicht ändern.

Die Internationalisierung wird ergänzt um die Globalisierung. Globalisierung steht im Kontext einer uneingeschränkten Mobilität von Märkten, Produzenten und Nachfragern. Jedes Produkt ist für jedermann jederzeit an jedem Ort der Welt erhältlich. Zwar gibt es regionalspezifische Ausprägungen, Herstellung, Vertrieb und Einsatz sind jedoch transnational. Der Globalisierung folgt die »Geografie der Arbeit«. Daraus resultieren die Anforderungen an Flexibilität, Anpassungsfähigkeit, Komplexitätsbeherrschung sowie interkulturelle Kompetenz.

Im Rahmen der Internationalisierung und Globalisierung ist die Anzahl der Fusionen weltweit in einem Zeitraum von 1990 bis 2000 von rund 9.000 auf 30.000 gestiegen. Ihr Wert hat sich von 290 Mrd. $ auf 2.350 Mrd. $ verachtfacht. Allein bei der Europäischen Kommission hat sich die Zahl der Fusionsanmeldungen im Jahr 2000 (292) verglichen mit den Anmeldungen 1997 nahezu verdoppelt. Fusionen – seien sie nun sinnvoll und/oder ökonomisch erfolgreich oder nicht – haben nicht unerheblich zu einer Ausweitung der internationalen Vernetzung beigetragen und beeinflussen wesentlich die Unternehmensstrategie und -tätigkeit. Zwar ist die Zahl der Fusionen zwischen 2001 und 2003 deutlich zurückgegangen, die darauf folgenden Jahre zeigen jedoch wieder einen Anstieg. 2005 wurden weltweit 24.800 Transaktionen gezählt.[157]

Die fortschreitende Globalisierung der Wirtschaft und Wissenschaft führt desweiteren zu einer Globalisierung des Wissens. Raum- und Zeitdifferenzen spielen eine immer geringere Rolle. Die Zentren der Wissensgenerierung und des Fortschritts verteilen sich mittlerweile über die ganze Welt. Um in einem solchen Umfeld zu bestehen und dauerhaft wettbewerbsfähig zu bleiben, müssen Unternehmen mehr und mehr Produkte und Dienstleistungen anbieten, die sich durch Neuartigkeit und Hochwertigkeit von der Konkurrenz abheben. Dies gilt vor allem für Unternehmen aus Ländern mit hohem Lohnniveau. Neben den gestiegenen Anforderungen an Produkte und Dienstleistungen wird die Zeitspanne zwischen Erfindung und kommerzieller Anwendung immer geringer. Da sich der Lebenszyklus von Produkten und Dienstleistungen verkürzt, müssen Investitionen in Forschung und Entwicklung, Produktion sowie Marketing schneller amortisiert werden. Ein solcher kontinuierlicher und beschleunigter Wertschöpfungsprozess erfordert ein hohes Maß an Wissen. Produkte und Dienstleistungen, die auf einem Maximum an relevantem Wissen aufbauen, gehen in der Regel mit der Markt-Strategie „me first" statt „me too" einher. Während bis Mitte der 90er Jahre 50 % der Produktivitätszuwächse aus dem Einsatz von Wissen resultierte, sind es heute bereits 80 %. Für die nächsten zehn Jahre wird mit einem Anteil von 90 % gerechnet.[158]

4.7.2 Demographische Entwicklung

Es ist eine inzwischen wohl bekannte und häufig zitierte Tatsache, dass wir in einer schrumpfenden und alternden Gesellschaft leben. Basierend auf den niedrigen Geburtenraten der letzten Jahrzehnte wird die Bevölkerung durchschnittlich älter. Während 2005 das Durchschnittsalter 41 Jahre war, wird es im Jahr 2030 auf 51 Jahre ansteigen. In Unternehmen liegt das Durchschnittsalter derzeit bei 43 Jahren, 2030 soll es 53 Jahre betragen. Gleichzeitig erhöht sich der Anteil derer, die über 60 Jahre alt sind. Derzeit sind 24,8 % der Bevölkerung älter als 60 Jahre, im Jahr 2020 werden es 29,5 % sein. Bis 2030 steigt die Anzahl der über 60-Jährigen auf 35,4 % der Gesamtbevölkerung. Diese Zahlen sprechen eine deutliche Sprache. Eine noch deutlichere Sprache spricht die Entwicklung der über 75-Jährigen: Heute sind 8,5 % der Bevölkerung über 75 Jahre alt. 2020 werden 10,7 % der Bevölkerung über 75 Jahre alt sein. Im Jahr 2030 wird sich der Anteil auf 11,9 % erhöhen. Demgegenüber verringert sich der Anteil der unter 20-Jährigen kontinuierlich. Von heute 20,1 % auf 17,3% im Jahr 2020 bis zu 16,9 % im Jahr 2030.[159]

Im Ergebnis ist mit einer Verringerung des Erwerbspersonenpotenzials zu rechnen, der Fachkräftemangel ist bereits Gegenstand der politischen und gesellschaftlichen Diskussion. Und der Trend setzt sich fort: Waren 1996 die 25- bis 39-Jährigen die personenstärkste Altersgruppe der sozialversicherungspflichtig Beschäftigten, sind es heute schon die 35- bis 44-Jährigen und in den Jahren 2020-2025 werden es die 50-59-Jährigen sein. Damit rücken ältere Mitarbeiter stärker in den Fokus der Unternehmen und bei Verlängerungen des Renteneintrittsalters steigt die Zahl der über 60-Jährigen, die bis zur gesetzlichen Altersgrenze erwerbstätig bleiben.[160]

Wieder steigende Geburtenraten sind nicht zu erwarten und hätten auch erst einen Einfluss auf die nächste Generation. Einem möglichen positiven Wanderungssaldo steht entgegen, dass in steigendem Masse mehr junge Menschen mit akademischer Ausbildung Deutschland verlassen als zuwandern: Zum einen, weil sich in einigen anderen Ländern die Entwicklungsmöglichkeiten – z.B. für Naturwissenschaftler – besser darstellen. Zum anderen verlassen gut ausgebildete Menschen mit Migrationshintergrund Deutschland und gehen wieder „nach Hause", weil sie vor dem Hintergrund, nur geduldet zu sein oder eine vorläufige Aufenthaltsverlängerung nach der anderen zu bekommen, keine hier keine Perspektive sehen, auch wenn Deutschland eigentlich längst ihr Zuhause ist. Möchte eine qualifizierte Kraft trotz aller bürokratischen Hindernisse nach Deutschland einwandern, darf sie feststellen, dass sie nur willkommen ist, wenn sie einen Arbeitsplatz nachweisen kann, der, vom Staat so verordnet, mindestens 66.000 Euro im Jahr erbringt. Wo gibt es diese Arbeitsplätze für junge Menschen?

4.7.3 Frauensache

Teilzeitarbeit wird in Deutschland in erster Linie von Frauen verrichtet. Von den 4,9 Millionen Teilzeitbeschäftigten sind 87 Prozent weiblich.[161] Dabei gilt: Je mehr minderjährige Kinder in einer Familie leben, desto größer ist die Wahrscheinlichkeit, dass die Mutter ihre Wochenarbeitszeit reduziert. So liegt nach Angaben des Statistischen Bundesamtes bei Familien mit einem Kind der Anteil der teilzeitbeschäftigten Frauen bei 64 Prozent. Bei drei Kindern traut sich kaum noch eine Mutter einen Vollzeitjob zu, die Teilzeitquote liegt in dieser Gruppe bei 80 Prozent. Für die Väter hingegen ändert sich auch mit wachsender Kinderzahl kaum etwas: Ihre Teilzeitquote liegt konstant bei fünf bis sechs Prozent.

Häufig vorzufinden: Akademisch vorgebildete Frau verliert ihren Job, weil die ursprünglich auf z.B. 6 Monate veranschlagte Elternzeit verlängert werden muss, weil das Kind leider nicht effizient genug funktioniert und z.B. Probleme mit der Eingewöhnung in die Kita hat. Da stellt das Unternehmen plötzlich fest, dass doch keine Verwendung für die Mutter mehr hat bietet eine Abfindung an. Immerhin, eine Abfindung. Über so viel Großzügigkeit würden sich viele der 6,9 Millionen berufstätigen Mütter in Deutschland schon freuen. Zwar geben sich Arbeitgeber gern frauenfreundlich. Erst vor Kurzem stellte Familienministerin Kristina Schröder (CDU) die Initiative „familienbewusste Arbeitszeiten" vor, bei der Unternehmen sich für ihre flexiblen Teilzeitangebote feiern durften. Doch die Realität in vielen Firmen sieht anders aus. Statt ihre weiblichen Angestellten beim stressigen Alltag zwischen Wickelkommode und Job bestmöglich zu unterstützen, legen Arbeitgeber den Müttern nach der Babypause oft Steine in den Weg. Noch immer sind betriebsbedingte Kündigungen während der Elternzeit an der Tagesordnung. Und selbst weibliche Führungskräfte sind nicht davor gefeit, zurückgestuft oder schlechter bezahlt zu werden.

Glaubt man Katja Dörner, der familienpolitischen Sprecherin der Grünen, wird auch der Vorstoß der Ministerin daran wenig ändern: „De facto bieten die meisten Unternehmen heute schon Teilzeitmodelle an, nur wird das Angebot meist nicht genutzt, weil die Angestellten kein Anrecht auf Rückkehr in Vollzeit haben und weil nach wie vor Betreuungsplätze für Kinder fehlen." Die einzige Lösung sei ein gesetzlich verbrieftes Rückkehr-recht von Teilzeit in Vollzeit - und ein Recht auf ganztägige Betreuungsplätze.

Tatsächlich hätte es Deutschland bitter nötig, die Mütter besser in den Arbeitsmarkt zu integrieren. Schon heute ist der Mangel an qualifizierten Arbeitskräften gewaltig. Im Jahr 2020, prognostiziert die Beratung McKinsey, werden der deutschen Wirtschaft gar bis zu zwei Millionen Fachkräfte fehlen. Die Politik hat das Problem zwar erkannt: Immer wieder wird darüber diskutiert, wie man mehr ausländische Fachkräfte für Deutschland begeistern könnte. Weitgehend unbeachtet bleibt dabei jedoch eine Ressource, die gar nicht erst von weit her geholt werden muss - Frauen eben. Der Chef der Bundesagentur für Arbeit, Frank-Jürgen Weise, erinnerte kürzlich daran, dass wer qualifizierte Kräfte haben und halten will, etwas bieten muss - das können die Unternehmen selbst gestalten. Vor allem der Mangel in der Kinderbetreuung hindere qualifizierte Frauen daran zu arbeiten. In der Theorie klingt alles einfach: Wer Frauen ermöglicht, Karriere und Privatleben unter einen Hut zu bringen, muss sich langfristig um fehlende Fachkräfte nicht sorgen. Nur in der Praxis ist die Einsicht noch nicht recht angekommen. Es ist auch anzutreffen, dass Frauen, die eine sehr geregelte Arbeitszeit benötigen, um sich mit ihrem Kind zu organisieren, gemobbt werden, indem z.B. immer kurz bevor sie eigentlich gehen müssten, noch „dringende" Arbeit zugewiesen bekommen.

Man kann nur spekulieren, was Arbeitgeber dazu bringt, es sich ausgerechnet mit jenen Angestellten zu verscherzen, die das in Managementkreisen hoch geschätzte Multitasking familienbedingt bis zur Perfektion beherrschen. Vermutlich trauen es viele Chefs den Müttern im Land einfach nicht zu, trotz ihrer Doppelrolle einen guten Job zu machen. Dabei sind gerade berufstätige Mütter in ihrem Job oft besonders motiviert. Denn wer als Frau gut ausgebildet ist und vor der Familiengründung schon die ersten Sprossen auf der Karriereleiter empor geklettert ist, dem fällt mit Kind zu Hause schnell die Decke auf den Kopf. So gaben einer Studie des Bundesfamilienministeriums zufolge fast 70 Prozent der Frauen beim beruflichen Wiedereinstieg an, endlich wieder „eigenes Geld verdienen zu wollen". Gut die Hälfte der Befragten wollte zudem „nicht nur als Hausfrau und Mutter wahrgenommen werden". Leider lässt allein die Tatsache, wieder arbeiten zu können, viele junge Mütter großzügig darüber hinwegsehen, dass sie oft mit schlechteren Jobs abgespeist werden als vor der Babypause. „Diskriminierende Schonung", nennen das Soziologen. Vielen Mütter wird beim Wiedereinstieg gar nicht mehr zugetraut, bestimmte Aufgaben erfüllen zu können. Häufig genug sind es genau jene Aufgaben, die für die Karriere wichtig wären. Nicht selten sind auch Fälle, in denen die Frauen einen Job mit Personalverantwortung haben, sich alles zufriedenstellend darstellt und sich dann doch schlagartig ändert, wenn ein zweites Mal Elternzeit ansteht. Eine Position mit so viel Verantwortung, heißt es plötzlich, könne man in Teilzeit nicht stemmen.

Teilzeit zu arbeiten ist ein typisches Frauenschicksal. Von den 4,9 Millionen Teilzeitbeschäftigten im Land sind 87 Prozent Frauen. Zweifellos suchen viele junge Mütter sich diesen Weg selbst so aus - weil sie möglichst viel Zeit mit dem Kind verbringen, gleichzeitig aber nicht den Anschluss an die Arbeitswelt verlieren wollen. Für viele andere Frauen jedoch ist Teilzeit auch oft die einzige Wahl: Gerade in ländlichen Gegenden schließen die Kindergärten meist schon am frühen Nachmittag, wenn sie überhaupt so lange aufhaben. Und weil auch am Anfang des zweiten Jahrtausends in den meisten Familien nach wie vor Mama fürs Abholen zuständig ist, heißt das für die Betroffenen: Teilzeitarbeiten - wenn es denn überhaupt möglich ist.

Doch auch wer das Glück hat, eine Teilzeitstelle in seinem Beruf gefunden zu haben, stößt oft schnell an seine Grenzen. Frauen, die einmal in Teilzeit arbeiten, scheinen den unsichtbaren Stempel „unbeförderbar" auf der Stirn zu tragen.[162] Auch im Zeitalter der mobilen Kommunikation sind Führungskräfte, die nicht bis in den späten Abend am Schreibtisch sitzen, in den meisten deutschen Firmen undenkbar. Chefinnen, die E-Mails und Telefonate notfalls auch mal vom Spielplatz aus erledigen? Technisch machbar ist das, nur leider unerwünscht. In den meisten Unternehmen gilt eben noch immer: Karriere wird nach 20 Uhr gemacht. Nicht von ungefähr fordert auch Garen Marks, die familienpolitische Sprecherin der SPD, eine familienfreundliche Arbeitskultur, die weg kommt von dem Zwang zu dauernder Präsenz im Betrieb und zu immer mehr Überstunden. Mehr als Lippenbekenntnisse in öffentlichen Veranstaltungen brauche es verbindliche Betriebsvereinbarungen, um das zu ändern. Und wie klein die Gruppe von Führungsfrauen im Vergleich zu den Männern ist, hat das Deutsche Institut für Wirtschaftsforschung (DIW) in 2010 nachgewiesen. Einer damaligen Studie zufolge lag der Anteil der Frauen bei angestellten Führungskräften bei mickrigen 20,3 Prozent - obwohl gut die Hälfte der Angestellten Frauen sind. Das dürfte sich inzwischen nicht signifikant geändert haben. Zwar sind gerade jüngere Frauen zuletzt verstärkt in leitende Positionen aufgestiegen - was Hoffnungen machen sollte. Doch ob dies das Geschlechterverhältnis an den Schaltstellen der Macht nachhaltig ändern wird, bezweifeln selbst die Studienautoren: „Ob diese Frauen im weiteren Lebensverlauf - und damit auch nach der Familienbildung - noch eine Führungsposition innehaben, wird die Zukunft erweisen", schreiben sie. Entlarvend sind in diesem Zusammenhang die Teilzeitquoten angestellter Führungskräfte: Während bei den Frauen über alle Altersklassen hinweg mehr als 15% Prozent in Teilzeit arbeiten, sind es bei den Männern nur ca. 2 %. Dabei agieren Mütter, die am Nachmittag pünktlich losmüssen, oft besonders effizient. Anstatt lange Mittagspausen in der Kantine einzulegen oder sich in der Kaffeeküche festzuquatschen, arbeiten sie oft die Mittagspausen freiwillig durch.

Dass Frauen, die aufgrund ihrer Kinder länger als nur ein paar Monate aus dem Beruf ausgestiegen sind, bei Unternehmen völlig zu Unrecht noch gar keine Lobby haben, ist auch dem Verbanddeutscher Unternehmerinnen (VdU), ein Dorn im Auge. Daher hat der Verband vor kurzem zusammen mit dem katholischen deutschen Frauenbund ein Mentoring-Programm entwickelt, mit dem Wiedereinsteigerinnen der Übergang in den Job erleichtert werden soll.

Kleine Betriebe, die auch für ihre wenigen Mitarbeiter familienfreundliche Arbeitszeiten möglich machen, muss man lange suchen. Wenn überhaupt, sind es meist große Unternehmen mit mehreren Hundert Angestellten, die solche Rahmenbedingungen anbieten. Das liegt vor allem daran, dass solche Arbeitszeitmodelle einen recht großen Personalaufwand bedeuten, der teuer ist. Zwar besteht seit 2001 ein gesetzlicher Anspruch auf Teilzeitarbeit. Doch kleine Unternehmen mit weniger als 15 Mitarbeitern sind davon ausgenommen. Sogar größere Arbeitgeber können Anträge auf Teilzeit ablehnen - wenn sie nachweisen können, dass eine solche Stelle aus betrieblichen Gründen nicht funktioniert. Aber selbst wenn eine Firma mit Modellen zur Vereinbarkeit von Familie und Beruf wirbt, heißt das nicht, dass dies auch umgesetzt wird. Da heute – unglaublicher Weise – immer noch viel Wert auf Anwesenheit (wie z.B. in der Werbebranche) gelegt wird, führt das Vereinbaren von Kindern und Beruf gerne auch zu einem Burnout. Ausgebrannt, überfordert und emotional erschöpft - diese Symptome sind gerade unter berufstätigen Müttern weit verbreitet. So ermittelte die Marktforschungsfirma Forsa in einer Studie im Auftrag der Techniker Krankenkasse, dass jede dritte erwerbstätige Mutter sich „oft am Limit" fühlt. Bei berufstätigen Frauen mit zwei Kindern sind es sogar noch

mehr: 43 Prozent und führt häufig zu dem Übergang in die Selb-
ständigkeit. Als angestellte Mutter, so scheint es, werden bisher nur
die wenigsten Frauen glücklich.

Und auch politische Maßnahmen hinsichtlich einer Quotenrege-
lung sind nicht zielführend, wenn die Infrastruktur nicht gegeben
ist. In Schweden werden ca. 65% der Kinder ab einem Jahr in Kitas
betreut – in Deutschland reicht das Angebot gerade mal für 37%[163]

4.7.4   Unternehmensrelevante Konsequenzen

Aus den ökonomischen, gesellschaftlichen und demografischen
Trends sowie aus den prognostizierten Arbeitsmarktentwicklungen
lässt sich eine Vielzahl von Implikationen ableiten. Es ist davon
auszugehen, dass die Trends und Entwicklungen Einfluss auf Unternehmensführung, auf Personalführung, auf Organisation, auf Personalmanagement sowie Personalentwicklung nehmen werden.

Führung von Wissensträgern bzw. »Wissensarbeitern« erfordert
eher ein Führungsverständnis im Sinne der strukturellen Führung,
die auf die Kultur-, Strategie- und Organisationsgestaltung Einfluss
nimmt und in der der Vorgesetzte die Rolle eines »Impressarios«,
eines Netzwerkers und eines Change Agent übernimmt. Es geht um
optimale Arbeitsbedingungen und ein förderndes Umfeld, in dem
die Mitarbeiter möglichst effektiv und effizient arbeiten können.
Entscheidungsbefugnisse und Verantwortlichkeiten werden auf die
Mitarbeiter delegiert. Damit die Verantwortung wahrgenommen
wird, muss sie jedoch deutlich verankert sein, sodass sich jeder Beschäftigte über seinen Teil der Verantwortung im Klaren ist, es mithin also Ziele präzise definiert sind. Dabei ist zu berücksichtigen,

dass die Ziele einerseits realistisch sind, andererseits jedoch ein hohes Anspruchsniveau aufweisen. Die hohen, aber realistischen Anforderungen sollen eine Herausforderung für den Aufgabenträger darstellen, deren Bewältigung einen Motivationsschub auslöst. Darüber hinaus sollte der Vorgesetzte den Mitarbeiter dabei unterstützen, die Verantwortung anzunehmen, indem er dessen Selbstmanagement fördert. Nur Mitarbeiter, die die eigene Person selbst steuern, sich als Unternehmer in eigener Sache verstehen, sind letztendlich in der Lage, die delegierte Verantwortung und Entscheidungsbefugnis effizient umzusetzen.

Ein Führungsstil, der Entscheidungsbefugnisse und Verantwortlichkeiten delegiert, bedingt, dass sich die Kontrollfunktion des Vorgesetzten auf das Ergebnis bzw. auf die Erreichung der Ziele beschränkt. Die Kontrolle der Ausführungen durch den Vorgesetzten wäre angesichts der Komplexität des Arbeitsprozesses und der hohen Veränderungsgeschwindigkeit auch gar nicht möglich. Ein wesentlicher Teil der Kontrolle vollzieht sich somit als Selbststeuerung. Der Mitarbeiter wird durch die Aufgabe, die er selbst gestaltet, kontrolliert. Vor dem Hintergrund der hohen Nachfrage nach Beschäftigten mit erfolgskritischem Wissen auf dem Arbeitsmarkt und der sich daraus ergebenden Ökonomisierung der Loyalitätsbeziehung zum Arbeitgeber von Seiten dieser Mitarbeitergruppe sind es vor allem die Vorgesetzten, die eine Schlüsselstellung einnehmen. Sie können diesen Trend umkehren und eine Identifikation mit dem Unternehmen schaffen sowie Wissensträger binden.

Die zunehmende Bedeutung des Wissens als Wettbewerbsfaktor, die sinkende Halbwertszeit von Wissen sowie die steigende Veränderungsgeschwindigkeit bedingen, dass zum einen die inhaltlichen Anforderungen an Wissen stetig steigen und zum anderen sich der Lebenszyklus von Wissen ständig verkleinert. Dies hat weitreichende Konsequenzen für die Gestaltung der Wissensgenerierung und bedeutet, dass die Ausrichtung der Lernprozesse dem hohen Anspruch an die Qualität des Wissens gerecht wird und die Zeitverzögerung zwischen der Identifikation von Wissenslücken und deren Schließung muss so gering wie möglich ausfallen muss. Wird der zeitliche Aspekt nicht hinreichend berücksichtigt, besteht die Gefahr, dass Wissen zwar geschaffen wird, sich die Anforderungen an das Wissen in der Zwischenzeit jedoch wieder geändert haben.

Unter Einbeziehung aller oben angeführten Aspekte ist schwer vorstellbar, dass bei Rationalisierungen oder Restrukturierungen wie in den letzten Jahren kostenintensive Sozialpläne realisiert werden, um sich vor allem von älteren Mitarbeitern zu trennen. Neben der reinen Kostenfrage wird sich der Wissens- und Erfahrungsverlust für viele Unternehmen als risikosteigernd herausstellen. Gleichzeitig ergibt sich aber daraus auch die Notwendigkeit einer differenzierten Sozialkompetenz bei Führungskräften, denn für die Älteren braucht es möglicherweise eine andere Art der Ansprache und andere Motivationsmechanismen.

4.8   Lernen aus und nach der Krise

Die heute angewandten Kommunikations- und Transportmittel haben unsere Welt deutlich kleiner und transparenter gemacht. Allerdings: was die Technik beherrscht, bewältigen Menschen noch lange nicht. Während die Informationstechnologie heute unvorstellbare Mengen an Daten und Informationen in globalen Netzen austauscht, verstehen sich Menschen oft nicht einmal, wenn sie die gleiche Sprache sprechen. Während wir virtuell oder physisch Kontinente verbinden, finden Menschen selbst in einfachsten Situationen nicht zu ihrem Gegenüber und das Zusammenrücken der Kulturen im globalen Dorf vervielfältigt die Möglichkeiten für gegenseitiges Nicht-Verstehen. Mehr denn je ist daher die Entwicklung eines ganzheitliches Welt- und Wertschöpfungs-Verständnisses erforderlich – basierend auf dem Erkennen der gemachten Fehler verbunden mit der Neugier auf Besserung im Sinne des aufklärerischen Lernbegriffs. Zwischenmenschliche Kodizes wie Fairness, Verantwortung und Achtung bilden die Grundlagen für nachhaltigen Erfolg und Wachstum. Menschen und Kulturen mit verschiedenen Erfahrungen und unterschiedlichem Wissen in Dialog zu bringen - sozusagen Vielfalt zu dynamisieren - ist Basis für Innovation in ökonomischen, sozialen und ökologischen Kontexten. Dies verlangt von Unternehmensführern und Unternehmern einen Paradigmenwechsel, den Sinneswandel von der "Pyramide der Macht" hin zu Beziehungsmanagement in dynamischen Netzwerken mit der Konsequenz, das Unternehmer weniger "Krieger" und mehr "Kreator" sein müssen, vom Beherrscher zum nachhaltigen Gestalter werden!

Die zentrale Herausforderung besteht darin, die zwei Archetypen von Führung zu integrieren: zum einen den martialisch-militaristischen, offensiven, teils aggressiven und vereinheitlichenden Führungsstil - gekennzeichnet durch körpersprachlich und hierarchisch ausgeübten Druck; zum anderen eine intrinsische, von Werten geleitete Form der Führung, die sich in Umsicht und Fürsorge für Individuen artikuliert, die in der Gemeinschaft nach Zugehörigkeit, Beitrag und Anerkennung streben. Während Manager früher noch vermeintlich alles kontrollierten, geht es nun um die Erweiterung des hergebrachten Führungsparadigmas und des damit verbundenen Menschenbildes - die Vielfalt der Welt braucht Raum für Entfaltung und Gestaltung. Ein ganzheitlich humanisiertes Verständnis von Arbeit und Führung führt zu mehr Innovation, besserer Leistung und nachhaltiger Wertschöpfung.

Regeln, die schon zu lange das Erhalten des Stillstands unterstützen, müssen gebrochen werden - das alte Paradigma des Dominanz-Spiels kann dann in das neue Paradigma des Gestaltungsspiels überführt werden. In diesem Zusammenhang ergibt sich auch die Chance, der vorherrschenden Null-Fehlerkultur an den Kragen zu gehen. Sanktioniert werden muss, wer Fehler vertuscht und nicht, wer Fehler offen legt, um gemeinsam mit anderen daraus zu lernen. Eine positive Fehlerkultur ist motivierend und entspricht durchaus dem schon von Immanuel Kant beschriebenen „Gefühl der Lust", das durch Lernen entsteht, welches schließlich von ihm als eine wesentliche „Bestimmung" des Menschen bezeichnet wird.

Gelingt der Schritt von Verteilungskämpfen um Märkte, Technologie, Kapital und Ressourcen hin zu Gestaltungsräumen für Menschen, in denen der Nutzen in der Coopetition um die besten Lösungen im Wettbewerb liegt, so entsteht ein dynamisches Modell kollektiver Intelligenz. In dieser Dualität von Konkurrenz und Kooperation verändern sich Kontext und Regeln ständig mit der Konsequenz qualitativ hochwertiger Lösungsszenarien und Handlungsoptionen sowie kontinuierlich emergenten Realitäten auf Basis eines gemeinsamen Werte- und Handlungsverständnisses. Es geht darum, in Dialog und Austausch immer neu zu verhandeln, um so dauerhaft anschluss- und leistungsfähig zu bleiben. Der genaue Ausgang ist offen, das Ende im Detail nicht bekannt - eine gemeinsame, lehrende Entdeckungsreise, verantwortungsbewusst und bereit für überraschend gute Ergebnisse. Diese neue Spielart, an der nach der Spiel- oder Demokratietheorie alle gleichberechtigt beteiligt sind, lässt ökonomischen Patriotismus oder organisationale Dominanz gar nicht erst zu, sondern ermöglicht eine nachhaltige Win-Win-Qualität und verhindert den klassischen Win-Lose-Charakter üblicher Spiele.

Dieser Sinneswandel ist doppelt herausfordernd: Einerseits bedarf es anderer, nicht nur wie bereits ausgeführt kommunikativer, Kompetenzen - nach außen gerichtet, beziehungsorientiert und kreativ-konstruktiv Neues ermöglichend. Andererseits erfordert er eine nach innen gerichtete Reflexion, die das Welt- und Menschenbild in seiner Vielfalt und seinen Möglichkeiten neu positioniert und diesem einen neuen Wert beimisst. In neuen Konvergenzräumen kommen Dinge zusammen, begegnen sich Menschen, ohne dass sie einander bewerten, abwerten oder gar eliminieren. Auf einmal kommt etwas in Bewegung - diese Dynamisierung ist in der alten Form von Führung nicht mehr zu kontrollieren. Die einzige Möglichkeit, etwas Dynamisches zu steuern, ist die stetige und enge teilhabende Beziehung mit eben diesem dynamischen Zustand.

Gutes Beziehungsmanagement basiert auf Fähigkeiten wie Querdenken, Sachverhalte aus sehr unterschiedlichen Perspektiven zu betrachten, guter Menschenkenntnis und exzellenter Kommunikationsfähigkeit. Technische und / oder ökonomische Kenntnisse sind integraler Bestandteil dieses ganzheitlichen Führungsverständnisses - schließlich überzeugen Führungskräfte auch durch ihr Handeln in der Sache. Die zentralen Erfolgskriterien und wesentlichen Herausforderungen für Unternehmensführung sind aber in den wenigsten Fällen gemeinsam verhandelt oder als bewusster Bestandteil organisationalen und individuellen Handelns festgelegt: Selbstreflexion, Erkennen von Mustern, Umgang mit Komplexität, Neugier und Flexibilität, Gestaltung unterschiedlicher Beziehungen, Umgang mit Diversität und ein ethisches Grundverständnis.

Gestalten und wertschöpfendes Wirken sind die entscheidenden Handlungsprinzipien. Der mutige Entrepreneur ist gefragt, beziehungs-orientiert, umsichtig und mobilisierend - dies deutlich umfänglicher als die heutige reine Kennzahlenorientierung. Lebendige Organisationen sind ohne Menschen nicht lebensfähig. Wer also Organisationen erfolgreich leiten will, muss Menschen entsprechend führen können. Zu viele Unternehmensführer hängen immer noch an der Differenzierung zwischen Manager und Führung im Sinne des englischen „Leaderships" und werden damit, wie wir gezeigt haben, den heuten Führungsanforderungen nicht mehr gerecht. Erst die Menschen, ihre Qualifizierung und Interaktion miteinander machen den Unterschied in der Wertschöpfung - neben immer wieder neu zu optimierenden Organisations- und Produktionsprozessen. Nachhaltige Wertschöpfung ist nur möglich, wenn die Menschen lernend als Teil eines gemeinsamen und integrierten Werte- und Wertschöpfungsverständnisses agieren: Dies sichert kontinuierlich Leistungsfähigkeit und Profitabilität.

Mindestens seit den 90er Jahren wird zu oft ausschließlich auf schnelle Effekte gesetzt - mit entsprechend großen Ausschlägen zwischen Erfolg und Nicht-Erfolg. Das Dogma, Profitabilität in kurzfristiger Perspektive zu sichern, führt mittelfristig immer wieder in die gleiche Falle: Wer den Wertschöpfungsprozess dominant nur über die harten Faktoren steuert, sieht sich über kurz oder lang mit der harten Realität der weichen Faktoren konfrontiert und ist darauf nicht vorbereitet. Nur die intelligente Verbindung von harten und weichen Faktoren schafft höhere Leistungsfähigkeit und überzeugendere Lösungen.

Talente und Potenzial sind in den meisten Organisationen ausreichend vorhanden. Häufig sind die Führungskräfte allerdings nicht fähig oder haben es eben nicht gelernt, diese verborgenen Werte und Kompetenzen zu identifizieren und gemeinsam mit den Menschen in ihrer Organisation zu heben. Verhindert wird dies auch durch partielle und selektive Sichtweisen verbunden mit einer Pathologie des Lernens insofern, als in selbstreferenziellen Systemen nur aufgrund von Leidensdruck und immer nach dem gleichen Muster gelernt wird. Die eigentlichen Ursachen des Leidens bleiben unangetastet - die Notwendigkeit, Neues zu lernen, bleibt unerkannt. Diese chronische Dysfunktionalität erzeugt langfristig eine strukturelle Paralyse – und damit immer wieder die gleiche Art von Krise - die genau zu durchbrechen wäre.

5. Zusammenfassung und Ausblick

Diese Reflexionen führen zu folgenden Fragestellungen:
Die großen Quantensprünge technologischer Entwicklung der letzten drei Jahrzehnte haben die Menschen in dem Sinne hinter sich gelassen, dass sich Organisationen nicht ähnlich schnell entwickelt haben, um in einem integrativen Gleichschritt sowohl das Wirtschaftsleben als auch den größeren sozioökonomischen Kontext maßgeblich zu beeinflussen – wie holen wir das auf?

Der signifikante Verfall der Transaktionskosten hinterfragt die gegenwärtigen Organisationskonstruktionen. Die immer intelligentere Technologie führt in der Zukunft zu kleineren Netzwerkorganisationen, die als Teile größerer Netzwerke stärkere lokale Präsenz und Agilität, aber auch höhere Innovations- und Leistungsfähigkeit gewährleisten - läutet dies den Untergang vieler klassischer hierarchischer Unternehmensstrukturen ein?

Aufgrund der weiteren Beschleunigung technologischer Entwicklungen erhöhen sich Zugang und die Menge an Informationen drastisch - wie können befehls- und kontrollorientierte Organisationen diese große Menge an Informationen strukturieren und bewerten, um im Umfeld, wo jeder von Zulieferern über Mitarbeiter bis Kunden bestens informiert ist, leistungsfähig zu bleiben? Und wie schnell können sich Mitarbeiter und Führungskräfte in Organisationen neu erfinden, um gestaltungs- und wettbewerbsfähig zu bleiben? Und weiterführend: was bedeuten diese Entwicklungen für die Art und Weise, wie wir leben und arbeiten - sowohl im sozialen als auch im beruflichen Kontext?

Die Zukunft war nie und wird nie die Extrapolation der Vergangenheit sein, mithin ist Zukunft ist nicht planbar. Wenn wir aber lernen, uns auf die Gegenwart einzulassen und auf das, was wir an Herausforderungen wahrnehmen, dann ist das ein Anfang, unsere Zukunft zu gestalten. Einlassen setzt sowohl ein tiefes gesamtsystemisches Verständnis als auch eine Dialog- und Beziehungsfähigkeit voraus. Die in der Vergangenheit erfolgreichen Helden müssen lernen, ihr Machbarkeits-Instrumentarium in Gestaltungswerkzeuge umzuwandeln und diese entsprechend im Kontext der Weltgemeinschaft verantwortungsbewusst einzusetzen. Führungskräfte von morgen sollten dann weniger Tatprimaten als vielmehr genaue Beobachter, Analytiker und beziehungsfähige Kommunikatoren mit Integrationskompetenz sein – dann gibt es wieder Hoffnung.

6. Quellenangaben / Anmerkungen

[1] Löhr in: Frankfurt a.M.er Allgemeine Zeitung, 23. Juni 2009, S. 11.

[2] Löhr in: Frankfurt a.M.er Allgemeine Zeitung, 23. Juni 2009, S. 11.

[3] Frankfurt a.M.er Allgemeine Zeitung, 30. Juni 2009, S. 12, Gespräch zwischen Benedikt Fehr und Holger Steltzner mit Josef Ackermann und Hans Christoph Binswanger.

[4] Dieser Abschnitt wurde entnommen: http://juergen-studt.blogspot.com

[5] Löhr in: Frankfurt a.M.er Allgemeine Zeitung, 23. Juni 2009, S. 11

[6] SPIEGEL, 11.5.2009.

[7] http://www.handelsblatt.de, Interview mit Fredmund Malik, 14. Juli 2009

[8] Buchhorn et al. in: Manager Magazin, 05/2009, S. 140.

[9] Ebd.

[10] Ebd., S. 142

[11] Ebd., S. 134

[12] Deekeling und Arndt, 2006, , CEO-Kommunikation. Strategien für Spitzenmanager, Frankfurt a.M. a.M., Campus S. 133.

[13] Weinen und Strätling in: CR-Report 1/2009, April S. 15.

[14] Avenarius und Bentele, 2009, S. 34.

[15] Happe et. al., 2009, S.235

[16] Söllner und Mirkovi in Schmidt und Tropp, 2009, S. 86f.

[17] Malik, 2008: Die richtige Corporate Governance. Mit wirksamer Unternehmensaufsicht Komplexität meistern, Campus, Franfurt, S. 235

[18] Mittelstraß in: Frankfurt a.M.er Allgemeine Zeitung, 9. Oktober 2009

[19] Rolke in: Kirf und Rolke, 2002, Der Stakeholder-Kompass. Navigationsinstrument für die Unternehmenskommunikation, Frankfurt a.M., F.A.Z.-Institut, S. 16ff

[20] Fieseler und Meckel in: Schmidt und Tropp, 2009, Die Moral der Unternehmenbskommunikation. Lohnt es sich, gut zu sein? Halem Verlag, Köln, S.125

[21] Schönborn in: Schmidt und Tropp, 2009, S. 219

[22] www.wertekommission.de/wofuer-wir-stehen/sechskernwerte/, Zugriff am 11.12.2012

[23] ebda.

[24] ebda.

[25] ebda.

[26] Malik, 2007: Gefährliche Managementwörter. Und warum man sie vermeiden sollte, Frankfurt a.M., Campus

[27] ebda, S. 103

[28] www.wertekommission.de/wofuer-wir-stehen/sechskernwerte/, Zugriff am 12.12.2012

[29] Deekeling und Arndt, 2006

[30] Deekeling und Arndt, 2006, S 156

[31] Kirchner und Brichta, 2002, Medientraining für Manager, In der Öffentlichkeit überzeugen – Investor Relations and Public Relations optimieren, Wiesbaden, Gabler, S. 38

[32] Kramer, September 2009, S. 77

[33] Merkel, 2009: Moral der Unternehmenskommunikation – schöner Schein oder strategische Notwendigkeit?, in: Schmidt (Hrsg.) und Tropp (Hrsg.), 2009, Die Moral der Unternehmenskommunikation. Lohnst es sich gut zu sein?, Köln, Herbert von Halem, S. 189

[34] Malik, 2007, S. 158

[35] Malik, 2007, S. 159

[36] www.wertekommission.de/wofuer-wir-stehen/sechskernwerte/,

Zugriff am 11.12.2012

[37] Breuer, 2007, Das Gorilla Prinzip. Führungsstärke durch Kompetenz, Wien, Signum, S.91

[38] Hunnius, 2000, Innerbetriebliche Information und Kommunikation, Köln, Wirtschaftsverlag Bachem, S.13

[39] ebda.

[40] ebda., S. 113

[41] Weinen und Strätling, 01/2009 in CR-Report, S. 15

[42] www.wertekommission.de/wofuer-wir-stehen/sechskernwerte/, Zugriff am 16.12.2012

[43] ebda.

[44] Watzlawick et al., 1990, Menschliche Kommunikation. Formen, Störungen, Paradoxien, 8. unveränderte Aufl., Bern, Toronto, Stuttgart, Huber ,S.53

[45] Mintzenberg, 2005, Manager statt MBAs. Eine kritische Analyse, Frankfurt a.M., New York, Campus, S. 26

[46] Colman und Boyatzis in: Harvard Business Manager, Januar 2009, S. 36f

[47] Sprenger, 2000, Aufstand des Individuums. Warum wir Führung komplett neu denken müssen, Campus, Frankfurt am Main

[48] John P. Kotter: A Force for Change. How Leadership differs from Management. 1990 Free Press

[49] ebda.

[50] Liebl 2000, Der Schock des Neuen. Entstehung und Management von Issues und Trends, München

[51] Pfannenberg, 2009, Veränderungskommunikation, FAZ.-Institut für Management-, Markt- und Mediainformationen, Frankfurt

[52] ebda., S. 12

[53] ebda., S. 13

[54] Merten, 2000, Die Lüge vom Dialog, Ein verständigungsorientierter Versuch über semantische Hazards, Public Relations Forum für

158

Wissenschaft und Praxis, 1/2000, S. 6f.

55 Pfannenberg, 2009, S. 14

56 Schmidt, S.J. (1990): Wir verstehen uns doch? Von der Unwahrscheinlichkeit gelingender Kommunikation, in: Deutsches Institut für Fernstudien (Hrsg.), Funkkolleg Medien und Kommunikation; Studienbrief 1, Weinheim, S. 50-78

57 Watzlawick et al., 1990, S. 53

58 ebda., S. 52

59 ebda., S. 51

60 ebda., S. 51

61 Kichner und Brichta, 2002, S. 70

62 ebda.

63 ebda., S. 71

64 Argyle, 1996, Körpersprache und Kommunikation, Paderborn, Jungfermann

65 LeMar, 2007, Menschliche Kommunikation im Medienzeitalter – Im Spannungsfeld technischer Möglichkeiten und sozialer Kompetenz, 2.Aufl., Berlin, Heidelberg, New York, Springer

66 Sapir, 1951, Selected Writings of Edward Sapir in Language, Culture and Personality, Berkeley, University of California Press

67 LeMar, 2001, S. 90f

68 Höhler, 1999, Herzschlag der Sieger. Die IQ-Revolution, München, Econ & List

69 LeMar, 2001, S. 94

70 ebda., S. 95

71 Höhler, 1999, S. 199

72 ebda.

73 ebda., S. 201

74 Mast, 2002, Unternehmenskommunikation, Stuttgart, Lucius & Lucius

75 Höhler, 1999, S. 208

[76] Jung, 1963, Zur Psychologie westlicher und östlicher Religionen, Gesammelte Werke Band 11, Zürich, Walter

[77] Deekeling und Arndt, 2006, S. 86f

[78] Sacks, 1992, Lectures of Conversation, Hrsg. Jefferson, Oxford, Blackwell Publishing

[79] ebda., S. 445

[80] Höhler, 1999, S. 208

[81] LeMar, 2001, S.138

[82] http://karrierebibel.de/tonnebenkosten-die-macht-der-stimme/ Zugriff am 11.3.2013

[83] ebda.

[84] Ivey, 2000, Führung durch Kommunikation, Leonberg, Rosenberger Fachverlag, S. 23

[85] Deekeling und Arndt, 2002006, S. 109f

[86] Loebbert, 2003, Storymanagement. Der narrative Ansatz für Management und Beratung, Stuttgart, Klett-Cotta,S. 139

[87] ebda., Se.143

[88] Kirchner und Brichta, 2002, S. 82

[89] http://karrierebibel.de/tonnebenkosten-die-macht-der-stimme/ Zugriff am 11.3.2013

[90] Schwertfeger und Lewandowski, 1990, Die Körpersprache der Bosse, Düsseldorf, Econ, S. 8

[91] ebda., S. 31

[92] ebda., S. 37

[93] ebda., S. 46

[94] ebda., S. 46

[95] Kirchner und Brichta, 2002, S. 77

[96] Schwertfeger und Lewandowski, 1990, S. 92

[97] Kirchner und Brichta, 2002, s.78

[98] Deekeling und Arndt, 2006, S. 65f

[99] Schwertfeger und Lewandowski, 1990, Klappentext

[100] Kirchner und Brichta, 2002, S. 77

[101] Schwertfeger und Lewandowski, 1990, S. 118

[102] ebda., S. 111

[103] ebda., S. 117

[104] ebda.

[105] ebda.

[106] http://www.welt.de/wams_print/article1963021/Der-lange-Abstieg-des-Heinrich-von-Pierer.html, Artikel vom 4.5.2008, Zugriff am 18.11.2011

[107] Schwertfeger und Lewandowski, 1190, S. 118

[108] ebda., S. 87

[109] ebda.

[110] ebda., S. 89

[111] ebda., S. 90

[112] Kirchner und Brichta, 2002, s. 74

[113] Deekeling und Arndt, 2006, S. 93

[114] www.handelsblatt.com/archiv/das-schweigen-der-manager; 5765682 Zugriff am 10.3.2013

[115] ebda.

[116] Nienhaus in: Frankfurter Allgemeine Sonntagszeitung, 30. August 2009, Interview mit Robert Shiller

[117] Levene in: Frankfurter Allgemeine Zeitung, 19. Mai 2009, Stefan Ruhkamp und Philipp Krohn im Gespräch mit Lord Peter Levene

[118] Mittelstraß in: Frankfurter Allgemeine Zeitung, 9.

[119] ebda.

[120] Doppler und Lauterburg, 2005, Change Management. Den Unternehmens-wandel gestalten, 11. Aufl., Frankfurt a.M./New York: Campus, S. 237

[121] ebda.

[122] ebda., S. 94

[123] In der Literatur spricht auch von einem funktionalen Ansatz; vgl. u..a. Sackmann, 1990: Möglichkeiten der Gestaltung von Unternehmenskultur, in Lattmann, (Hrsg.): Die Unternehmenskultur, ihre Grundlagen und ihre Bedeutung für die Führung von Unternehmen, Heidelberg, S. 153-188, S. 163ff. sowie Hofstede, 1993: Interkulturelle Zusammenarbeit: Kulturen – Organisation – Management, Wiesbaden, S. 204 und Jochheim, 2002: Von der Unternehmenskultur zum Netzwerk von Subkulturen, Multiple Identitäten als Basis für die Orientierung und Entwicklungsfähigkeit in und von Unternehmen aus organisationstheoretischer Perspektive mit anschließender Betrachtung von Fusionsprozessen als exemplarisches Anwendungsbeispiel, Marburg, S. 40ff.

[124] Zur Unterscheidung quantitativer und qualitativer Verfahren vgl. u.a. Lamnek, 1995: Qualitative Sozialforschung, Bd. I und II

[125] Sackmann, 1989: „Kulturmanagement", Lässt sich Unternehmenskultur „machen"?, in: Sandner (Hrsg.), Politische Prozesse in Unternehmen, Berlin/Heidelberg, S. 157-183, S. 167ff.

[126] Weinand, 2000: Kulturbewusstes Personalmanagement, Frankfurt a.M. a.M., S. 95

[127] Schein, 1985: Organizational Culture and Leadership, A Dynamic View, San Franzisco

[128] Jacobsen, 1996: Unternehmenskultur, Entwicklung und Gestaltung aus interaktionistischer Sicht, Frankfurt a.M. a.M., S. 30ff

[129] Grube und Töpfer, 2002, Post Merger Integration. Erfolgsfaktoren für das Zusammenwachsen, Schäffer/Pöschel, Stuttgart, S. 166f

[130] Neuberger, 2000: Unternehmenskultur in: SARGES, W. (Ed.), Management-Diagnostik, 3., unveränderte Auflage ed., S. 162-165, Göttingen: Hogrefe, S.162

[131] Robbins, 2005: Organisational Behaviour, 11th edn., Pearson Education, New Jersey

[132] Johnson, G. (1990): Managing strategic action: the role of symbolic action, British Journal of Management, vol. 1, S. 183-200

[133] Wimmer, R. 1995: Was kann Beratung leisten? Zum Interventionsrepertoire und Interventionsverständnis der systemischen Organisationsberatung, in WIMMER, R. (Hrsg.), Organisationsberatung. Neue Wege und Konzepte, S. 59-111, Wiesbaden: Gabler, S.98ff

[134] ebda.

[135] Bergmann, 1996: Lernen im Prozess der Arbeit; Zeitschrift für Arbeitswissenschaft, 54, S. 139-144

[136] Erpenbeck und Heyse (Hrsg.), 1999): Die Kompetenzbiografie. Strategien der Kompetenzentwicklung durch selbstorganisiertes Lernen und multimediale Kommunikation, Edition QUEM, Studien zur beruflichen Weiterbildung im Transformationsprozess, Münster

[137] Kauffeld und Grote, 2000: Diagnose der beruflichen Handlungskompetenz bei der Bewältigung von Optimierungsaufgaben in Gruppen, Zeitschrift für Arbeitswissenschaft, 54 (3-4), S. 211-219

[138] Sonntag und Schäfer-Rauser, 1993: Selbsteinschätzung beruflicher Kompetenz bei der Evaluation von Bildungsmassnahmen, Zeitschrift für Arbeits- und Organisationspsychologie, 37(4), S. 163-171

[139] Ulich, 1999: Lern- und EntwicklungsPotenziale in der Arbeit – Beiträge der Arbeits- und Organisationspsychologie, in: Sonntag (Hrsg.), Personalentwicklung in Organisationen. Psychologische Grundlagen, Methoden und Strategien, 2., überarb. und erw. Aufl., S. 124-153, Göttingen: Hogrefe

[140] Kauffeld und Grote, 2000

[141] Doppler und Lauterburg, 2005, S. 83ff.

[142] Coch und French, 1984): Overcoming resistance to change. Hu-

man Relations, 1, S. 512-532

[143] Nippa, 1997: Erfolgsfaktoren organisatorischer Veränderungsprozesse in Unternehmen – Ergebnisse einer Expertenbefragung,
in Nippa und Scharfenberg, (Hrsg.), Implementierungsmanage-
ment – Über die Kunst, Reeingineeringkonzepte erfolgreich umzusetzen (S. 21- 57). Wiesbaden: Gabler

[144] Doppler und Lauterburg, 2005, S. 84

[145] ebda.

[146] Nippa, 1997

[147] Rosenstiel, 2003): Grundlagen der Organisationspsychologie,
Stuttgart, 5. Aufl.

[148] Gebert und Rosenstiel, 1996: Organisationspsychologie, 4. Aufl.,
Stuttgart: Kohlhammer

[149] Gebert und Rosenstiel, 1996, S. 136

[150] Doppler und Lauterburg, 2005

[151] Gebert, 1976: Zur Erarbeitung und Einführung einer neuen Füh-
rungskonzeption: Theorie und Empirie, Berlin: Duncker &
Humblot

[152] Gebert, 1976

[153] Lange, 2006: Gender-Kompetenz für das Change Management,
Gender & Diversity als Erfolgsfaktoren für organisationales Lernen, S. 56f.

[154] Langer, 2006

[155] Becker, 2006: Wissenschaftstheoretische Grundlagen des Diver-
sity Management, in: Becker, M.; Seidel, A. (Hrsg.), Diversity
Management – Unternehmens- und Personalpolitik der Vielfalt,
Stuttgart, S. 3-48

[156] Klaffke, 2008: Vielfalt als Wettbewerbsfaktor nutzen, Diversity
Management in Hamburg, HSBA Hamburg School of Business
Administration

[157] Statistisches Landesamt Rheinland-Pfalz: Rheinland-Pfalz 2050,

II. Auswirkungen der demografischen Entwicklung, Bad Ems 2004.

[158] Statistisches Landesamt Rheinland-Pfalz: Rheinland-Pfalz 2050, I. Bevölkerungs- entwicklung und -struktur, Bad Ems 2002.

[159] Berlin-Institut: Deutschland 2020, Berlin 2004.

[160] Berlin-Institut: Deutschland 2020, Berlin 2004.

[161] Dieser Abschnitt wurde entnommen: http://juergen-studt.blogspot.com

Siehe auch: http://www.zeit.de/karriere/beruf/2013-03/karriere-elternzeit-umfrage, Zugriff am 10.3.2013

[163] Artikel in Die Zeit am 10.1.2013